松下幸之助在哭泣

——日本家电业衰落给我们的启示

【日】岩谷英昭◎著

玉兰三友翻译会◎译

知识产权出版社

全国百佳图书出版单位

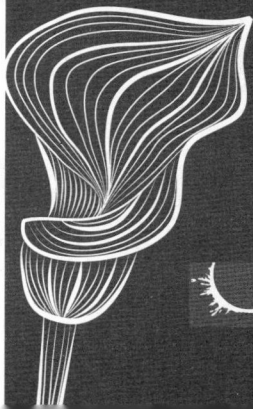

图书在版编目（CIP）数据

松下幸之助在哭泣——日本家电业衰落给我们的启示［日］岩谷英昭著；
玉兰三友翻译会译．—北京：知识产权出版社，2014.10
ISBN 978 – 7 – 5130 – 3023 – 6

Ⅰ．①松…　Ⅱ．①岩…　②玉…　Ⅲ．①松下电气工业公司－工业企业管理－经
验　Ⅳ．①F431.366

中国版本图书馆 CIP 数据核字（2014）第 322805 号

责任编辑：蔡　虹　　执行编辑：陈晶晶　　责任出版：刘译文

松下幸之助在哭泣——日本家电业衰落给我们的启示
［日］岩谷英昭　著　玉兰三友翻译会　译

出版发行：知识产权出版社 有限责任公司　　网　　址：http://www.ipph.cn
社　　址：北京市海淀区马甸南村 1 号　　邮　　编：100088
责编电话：010 – 82000860 转 8391　　责编邮箱：shiny-chjj@ 163.com
发行电话：010 – 82000860 转 8101/8102　　发行传真：010 – 82000893/82005070/82000270
印　　刷：三河市国英印务有限公司　　经　　销：各大网上书店、新华书店及相关专业书店
开　　本：880mm×1230mm 1/32　　印　　张：6.25
版　　次：2014 年 10 月第 1 版　　印　　次：2014 年 10 月第 1 次印刷
字　　数：108 千字
ISBN 978 – 7 –5130 – 3023 – 6　　定　　价：28.00 元
京权图字：01 – 2013 – 8856

译　者　序

　　许多人把 21 世纪称为"亚洲的世纪"。中国和日本既是地处亚洲的邻邦，又是位居全球前三名的两大经济体，两国在经济方面的交流与合作对于亚洲乃至全球经济的繁荣与发展都具有重要意义。作为旅居日本的华人，我们三人都热切地希望能为中日两国的交流贡献绵薄之力。鉴于我们从事翻译及其教学工作，因此便萌生了发挥专业特长把日本发展过程中的经验和教训介绍给中国读者的想法。

　　我们在对近几年出版的日本图书进行调查后发现，曾经辉煌一时如今却一蹶不振的日本家电业是个热门话题。日本的家电产品曾风靡全世界，成为日本的代名词。然而近几年，美国家电厂商胜利回归家电市场：苹果公司异军突起，以全新概念设计的系列产品席卷全球；谷歌公司推出安卓操作系统，不断地推动家电业朝向智能化方向发展。韩国、中国台湾和中国大陆的厂商也各有建树，不断推出创新产品。反观日本家电厂商，却鲜有令人耳目一新的产品，取而代之的是普遍亏损、裁员、裁撤部门等负面新闻。到底是什么原因让日本家电业风光不再？日本家电厂商要想重振雄风必须解决哪些问题呢？

在众多书籍中，曾任松下电器美国公司董事长的岩谷英昭先生的著作引起了我们浓厚的兴趣。岩谷英昭先生作为松下电器公司在美国市场的开拓者之一，对全球家电业的变迁有着深刻的认识和体会。他在书中用"经营之神"松下幸之助先生的经营理念，为读者进行了细致且深入的分析，一针见血地指出了日本家电业由盛转衰的根本原因。

在筹备之初，我们抱着侥幸的心理给素未谋面的岩谷英昭先生发送了一封电子邮件。令人出乎意料的是，岩谷先生隔天便来电，并在几天后热情地接待了我们。在听完我们的想法后，他当下便同意提供翻译授权，并表示衷心期盼中文版的出版能为中国家电企业的发展提供借鉴。

我们三人利用业余时间进行翻译，从着手到初稿完成花了将近 8 个月的时间。在翻译过程中，我们经常进行交流，对措辞和文风的统一等进行了多次讨论。本书各章节翻译的分担情况如下：序章和第一篇第一章、第二篇第一章和第二章，齐中凌；第一篇第二章和第三章、第二篇第三章和后记，程曦；第一篇第四章至第六章，汪珣。译文中不足之处，恳请读者批评、指正。

最后，编辑陈晶晶女士对本书的编辑和出版工作也付出了很多心力，谨在此表示衷心感谢。

玉兰三友翻译会
2014 年 5 日于东京

原著者序

我在美国工作的30年正是日本电子产品风靡全球的时期。在美国，从半导体收音机、电话、传真机到录像机、彩色电视

岩谷英昭

机，日本厂商在家电的各个领域都逐步占据了市场优势，而美国的家电厂商则纷纷被挤出了市场。

时光转眼进入21世纪，家电生产迎来了数码时代。家电产品之间可以进行信息转换，逐步向信息家电转化。此时，美国厂商卷土重来，重新成为引领家电市场的火车头，而韩国厂商、中国厂商等后起之秀也各

显神通，各自闯出了一片天地。

再反观日本厂商，他们却一直固守着曾经在开拓全球市场过程中百战百胜的垂直整合型经营模式，坚持在企业内部完成从研发、生产到销售、售后服务等所有环节的工作。而在家电市场，水平分工型经营模式已经逐步占据主导地位，生产、售后服务等的外包降低了成本，并提高了产品流通的速度。

在新形势下，家电产品只有拥有独特的技术、新颖的设计和低廉的价格才能具有竞争力。产品营销渠道也在由小型零售商店向厂家直销、网购、大型连锁量贩店等方式转变。只有顺应时代发展才能在市场竞争中立于不败之地，家电厂商如果不充分认识上述新的竞争形势，就有可能被时代所淘汰。

希望拙著能够为中国读者勾勒出家电市场变化的全景图，为中国家电企业的发展提供些许借鉴。

岩谷英昭

2014 年 5 月

目录

序章　跌倒了就爬起来

"跌倒了就爬起来！"

一声简短、铿锵有力的断喝。这是被誉为"经营之神"的松下电器公司创始人松下幸之助先生在面对困境时抛出的一句话。

1934 年 9 月 21 日，当时日本气象观测史上最猛烈的"室户台风"横扫四国、近畿等地区，破坏性极大，有 3，036 人遇难或失踪，约 1.5 万人受伤，近 9 万幢民房被损毁。

而在此前一年，松下电器公司刚刚把总公司和工厂搬迁至大阪的门真市。台风来袭时，公司也遭到了重创，一片疮痍。公司全力投入新建的干电池工厂和配线器工厂全部倒塌，总公司大楼也部分受损……台风来临这一天，松下幸之助先生一大早就前往医院看望正在因病住院的夫人，当他得知公司受灾而赶到公司时已临近晌午。此时台风已过，风也平息了。

出门迎接的工厂厂长猜松下幸之助先生一定急着想了解受灾状况，便准备带松下幸之助先生进厂区。没想到松下幸之助先生却伫立在原地一边把玩着手中的折扇，一边平静地说："兄弟，跌倒了，别爬不起来，小孩儿学走路时也是这样。可不能一直赖在地上，要马上爬起来。就这么办吧。"说完，松下幸之助先生便扭头回了家。

"跌倒了就爬起来！"

松下幸之助先生的话让全体员工清楚地认识到：在遭受意想不到的打击之后，哭天抢地、怨天尤人是没有用的，只有从零开始奋发图强才能解决问题。因此，从受灾当天起，所有员工便全力投入公司的重建工作中。

此时，松下幸之助先生考虑的已经不仅仅是眼前公司的重建了，几天后，他把公司干部召集到一起，说："为了公司的重建，大伙儿都辛苦了。但大家有没有想到，我们的业务伙伴——批发商、零售商等，跟我们所有人及公司一样，也一定遭受了不小的损失。一直以来，他们都与我们公司同甘共苦，所以，我认为应该提供一些资金帮助他们渡过难关。"

在自己的公司刚刚开始重建之际，松下幸之助先生就已经急他人之所急，想到了批发商、零售商等业务伙伴的困难，并不惜动用宝贵的资金向他们施以援手。很快，根据厂房倒塌、部分受损、浸水等不同的受灾程度，松下电器公司筹备了相应的援助资金，并由公司干部以及员工亲手交到了业务伙伴的手中。当时，市内的积水还未退尽，这笔资金对于那些受灾的批发商、零售商而言真可谓雪中送炭啊。

距离溃败只一步之遥

"跌倒了就爬起来！"如今，日本家电业需要的正是这一当头棒喝。

2011 年，松下电器公司出现了 7,722 亿日元的巨额亏损。不仅是松下电器公司，夏普公司和索尼公司同期的亏损也分别达到了 3,760 亿日元和 4,566 亿日元，日本家电业这三驾马车的亏损总额超过了 1.6 万亿日元。曾几何时，家电业作为日本这一"制造业大国"的代表，产品风靡全球。而如今，巨额亏损说明日本家电业已经从高高的神坛上摔了下来，风光不再。

日本的家电产品曾经是高质量的代名词。但是随着数码技术的日新月异，只要调配到核心部件，一家刚成立不久的厂商也可以生产出达到一定质量标准的产品。产品在技术方面和质量方面相差不大时，决定其在市场竞争中成败的关键就是价格。相对日本家电企业固守着国内生产这一原则，全球制造业的发展潮流方向已经是根据水平分工、凭借中国的廉价劳动力实现大规模生产，同时大幅降低生产成本。拥有数万员工的专业电子代工服务（EMS：Electronic Manufacturer Service）企业在大规模生产方面的技术实力可以说已经超过了日本企业，再加上日元汇率升值，这对日本家电企业来说无异于雪上加霜。

产品质量方面的差距已经微乎其微，价格方面又不具有优势，那么，对于日本家电企业来说，产品的出路就在于是否提倡和践行独具魅力的崭新设计理念。但在美国苹果公司独树一帜地相继推出 iPod、iPhone、iPad等别具一格的产品占据绝对性优势的地位之后，日本家电企业在这一点上也完全失去了阵地，陷入了全面溃败的困境。

但危机同时也意味着机遇。此时，日本家电业不应该在低迷的业绩前悲叹天意弄人，而应该为了卷土重来而重振士气。如果松下幸之助先生面临这种状况，一定会在细究亏损的原因之前，用"跌倒了就爬起来！"那句刚劲有力的话来激励员工吧！

我的经历和感悟

我于 1968 年进入松下电器公司工作，第二年就被派往美国，在美国家电业的第一线一干就是近 40 年。其间，经常会陷入难以抉择或失败、沮丧的艰难境地。每当遇到这种情况，我都会从松下幸之助先生的著作中寻找智慧、汲取力量，帮助自己渡过难关。

尽管美国在文化、价值观、生活习惯等方面与日本迥然不同，但是，松下幸之助先生所提出的观点和理论仍然适用，这正是我对这位公司创始人、伟大的前辈始终心怀崇敬的原因之一。在美国，我主要负责营销工作，日本多数人认为美国人搞营销以盈利为宗旨，讲究理性和原则，不太重视相互间的感情交流。但事实上，同日本一样，美国的营销方式也十分注重人与人之间的信赖和诚信，重视相互间在细节上的礼尚往来。松下幸之助先生一语道出了其中的真谛——经营、销售及其他商务活动既然是人类生活中的一部分，那么无论时代、地域发生何种变化，其本质都是万变不离其宗的。

既然如此，那么曾经引领全球的日本家电业为什么会陷入一蹶不振的窘境呢？我认为最主要的原因是人才流失。

纵观全球，在数码技术日新月异的大潮中，顺应潮流迅速发展、成果丰硕的企业有之，推陈出新、新产品让消费者趋之若鹜的企业亦有之。前者如韩国的三星公司、以平板电视闯出一片天地的美国瑞轩公司（VIZIO）及电脑厂商惠普公司和戴尔公司等，后者则以苹果公司为代表。全球进入 21 世纪后，数码技术的发展突飞猛进，上述企业网罗了许多能够顺应这一市场变化并制定出相应经营战略和战术的人才。相对而言，日本企业则在积极吸收人才方面落后于形势。再加上日本家电厂商实施的裁员措施使经验丰富的人才不断流失，而这些人才被亚洲其他国家的企业所吸纳。不断流失的人才在大幅提高这些亚洲企业的技术实力和产品开发能力的同时，也把日本企业一直秉持的"追求完美质量""为企业奉献自我"等经营理念注入其企业文化中，给日本企业树立起了一个又一个强劲的对手。

另一方面，泡沫经济崩溃之后，日本企业被一种自以为是、骄纵傲慢的气氛所笼罩，逐渐失去了准确把握世界发展潮流和市场需求的能力。由于缺乏能够参透消费者心理、找准产品开发方向的人才，而人才培养又出现断档，日本家电厂商与顾客以及经销店的需求之间也就越来越脱节。

回顾往昔，松下幸之助先生就是一位十分珍惜人才的经营者。曾经有人问及松下电器公司的特色，松下幸之助先生回答说："松下首先是一家培养人才的公司，其次才是一家生产电器产品的公司。"产品的生产和研发需要人才，只有拥有优秀的人才才能不断对产品推陈出新，松下幸之助先生一直秉持这一理念，从未改变。

同时，松下幸之助先生也十分注重与合作伙伴之间的关系，就像在台风过后送去救援资金那般，他认为批发商、经销店、合作企业既然都是松下电器公司的顾客，就要真诚以待、携手共进，努力实现共同发展。与在公司内部重视、珍惜人才一般，与同公司有往来的人员建立起互信关系、以诚相待是贯穿于松下幸之助先生一生的经营理念。

本书的目的是希望利用松下幸之助先生的经营理念诊验日本家电业的沉疴，寻求日本家电业复兴的灵方。

本书的结构

本书第一篇从招揽和培养人才的角度分析日本家电业萎靡不振的原因，第二篇利用松下幸之助先生的箴言为重振日本家电业开方抓药。

诚然，与松下幸之助先生的时代相比，现在社会和人文都已发生了巨大变化，如果对松下幸之助先生的经营方法照本宣科，其效果有可能南辕北辙。但是，松下幸之助先生的一些话语道出了经营管理和商务活动的真谛，对不同时代、不同地域的企业经营仍然具有普遍性的参考和指导意义。

我在 2009 年著有《松下幸之助理论不倒》[①] 一书，介绍了松下幸之助先生适用至今的箴言。这本书的繁体中文版在中国台湾出版时，台湾宏碁公司的创始人、该公司前董事长施振荣先生特意撰写了推荐序言。

我在这本书的序言中，引用了"景气繁荣则顺其自然，经济萧条则抓准机会"这句松下幸之助先生的名言，这句话指出不能把外部的经济条件作为企业发展与否的决定因素。译者将其译为"反转逆境"，充分表达了这本书的中心思想。

韩国的三星公司一直在不遗余力地培养海外人才，这一事实令我深切地感到他们的经营之道比日本企业更体现松下幸之助先生的精神。其实，各国成功企业共通的理念中有许多与松下幸之助先生的思想相吻合的部分。

如今，日本的家电业三大巨头松下电器公司、夏普

---

① 译者注：中文书名为《松下之魂》，由东北财经大学出版社于 2011 年在中国大陆出版。

公司和索尼公司都顶着巨额赤字的压力刷新了经营体制，希望发挥各自的特色扭巨亏为盈利。松下电器公司把经营重点从电视机生产转向白色家电、电池、环保业务等方面，同时精简了总公司的经营结构。夏普公司力图与台湾专业电子代工服务企业的龙头——鸿海集团达成合作，除电视机生产外同时致力于发展太阳能电池业务。索尼公司正努力实现硬件业务与电影、音乐、游戏等软件业务的结合，并与松下电器公司合作共同推进有机发光二极管面板（OLED）的研发。基于松下幸之助先生的理论，我们将如何看待他们的努力？上述经营改革能否为日本家电业杀出一条血路？我将在本书中进行详细分析。

2008 年，松下电器公司将公司名称统一为 Panasonic，鉴于中国大多仍沿用汉字名称，因此本书仍沿袭"松下电器公司"这一名称。

第一篇

探寻失败的原因

第一章　汹涌而来的数码潮流

前所未有的危机

2012 年，一个风和日丽的下午，我闲步在东京的人气商业街银座，这里的繁华一如往日，各式各样的商品令人目不暇接。正当我欣赏着这热闹的街景时，一幢大楼上的巨幅广告牌跃入眼帘——Haier 五个大字光彩夺目，这是中国电器厂商海尔公司的广告牌。中国公司的广告牌在东京最为繁华的商业街银座占有了一席之地，这令人惊叹不已。对于我这个家电业业内人士来说，眼前这一幕所造成的冲击更是非同小可。

就在前一年，松下电器公司刚刚把旗下三洋电机公司的白色家电业务出售给了海尔公司。韩国、中国台湾等地的亚洲企业也在全球家电市场迅速崛起。迄今为止，我曾多次向日本家电厂商提出建议，希望能对亚洲企业①的突飞猛进进行分析和评估，寻求对策。但是鉴于日本家电厂商在国内市场仍占有绝对优势，因此我一直心存侥幸，祈愿他们能够坚守住国内市场这块阵地。

然而，当我在银座最繁华的地段目睹海尔公司的巨幅广告牌时，猛然惊醒：国内家电市场莫非已悄然发生了变化……放眼望去，在银座这块宝地上，世界知名品牌荟萃，苹果公司把大型直营店设于此处，看中的就是这里的影响力。果不其然，购买 iPhone、iPad 等人气产品的顾客络绎不绝，让门可罗雀的日本厂商汗颜。在银座的人气购物商城松坂屋内设有大型店铺的日本家电量贩店乐购仕却于 2009 年被中国苏宁电器收购，这一新闻曾轰动一时。曾经在国内市场所向无敌的日本家电厂商，如今在外国厂商的攻势下正节节后退。

回首往昔，日本的家电产品一度风靡全球。松下、索尼、夏普等品牌的电视机、录像机在世界各国畅销不衰，Made in Japan 曾是高性能、高质量的代名词。从 20 世纪 70 年代到 80 年代，纽约百老汇大道繁华地段——时代广场的巨型广告屏幕、霓虹灯牌尽由日本企业和日本品牌所独享，而众多美国家电厂商则日落西山。

---

① 译者注：这里的"亚洲企业"指的是除日本以外的亚洲国家和地区的企业，下文同。

反观今朝，日本似乎正在重蹈美国的覆辙。日本家电业三大巨头松下电器公司、索尼公司和夏普公司2011 财年②的赤字总额超过了 1.6 万亿日元。究其原因，普遍认为这三家公司的电视机生产入不敷出是重要因素。的确，日元升值给家电产品出口造成了巨大压力。另外，2011 年还有许多特殊因素，例如，日本国内的电视信号完成了由模拟信号向数字信号的过渡，用户也基本完成了向数码电视的更新换代，这使电视机的需求有所下降；东日本大地震、泰国的洪灾等天灾人祸也直接或间接地给日本家电企业的生产和销售造成了巨大影响等。

但我认为，日本厂商电视机业务的萎靡不振其实有更深层的原因，这也是造成日本家电生产整体滑坡的重要因素。事实上，松下电器公司除电视机外的"白色家电"等主要面向日本国内市场的家电产品业务并没有出现亏损。其主要原因包括日本人偏好国内品牌产品，国内市场的销售也不受日元升值的影响等。因此，这些主要在国内市场销售的产品目前仍能维持盈利。但是，如果把白色家电全面推向国际市场将会如何呢？我认为，如果不改变迄今为止的经营模式，这些产品即使性能优

---

② 即 2011 年 4 月至 2012 年 3 月。

异，也会由于性价比过低而失去优势，进而丧失国际竞争力。

反观电视机业务，如果仅在国内市场销售，与国外品牌相比毋庸置疑会具有绝对优势。但是，国际市场已经出现了许多清晰度虽不及日本品牌但价格整体十分便宜的产品，而且产品价格整体仍在进一步下滑。在国内，平板电视价格大幅下跌一度成为媒体关注的焦点，而在国际市场上，其价格下跌速度和幅度是有过之而无不及。在这种情况下，日本产品的高清晰度、低故障率等性能优势在性价比面前都失去了吸引力，从而迅速丧失了国际竞争力。鉴于日本家电厂商已把电视机业务推向了全球市场，因此与局限于国内市场的白色家电相比，更易受到冲击而产生大幅亏损。

为此，仅着眼于电视机业务扭亏为盈对日本家电厂商来说只是扬汤止沸。过去，日本家电厂商一直秉持这样一种信念：酒香不怕巷子深——只要生产出优质的产品就不怕没有市场。但是现如今，全球家电业已经出现了许多新的经营模式，产品质量不再是唯一吸引消费者的因素。日本家电厂商如果不顺应新形势采取对策的话，就无法重振旗鼓、挽回颓势。其实，松下电器公司等日本家电厂商已宣布把业务重心由电视机转向所有电器产品，这样就更加需要转变经营思维。

　　关于如何面对困境，松下幸之助先生曾经这样说过：“首先必须思考研究，寻求解决方法，然后勇于实践。失败了可以从头再来。”他认为，这样的处事方法再加上敢于失败的勇气就能够解决任何问题。我认为，松下电器公司仍保留着松下幸之助先生的传统，不仅如此，整个日本家电业也继承了这位“经营之神”的某些精神。因此，日本家电业实现复兴是完全有可能的。

　　松下幸之助先生曾经说过：“善于倾听他人意见是经营管理人员的首要素质。”他还以此指出，要想解决问题首先需要收集整理相关信息。因此，在本章接下来的内容中，我将整理和阐述全球家电业所发生的变化。首先来谈谈数码技术。

何谓“数码技术”

　　数码技术并非最近几年才被应用到家电生产中。早在20世纪80年代，黑胶唱片迅速被CD（Compact Disc）所取代，由此数码技术首次深入普通消费者的心中。进入90年代，数码相机和电脑等数码电器迅速得以普及。90年代后期，随着电脑走入千家万户，互联网成了越来越多的人在工作和生活中不可或缺的一部分。当全球步入21世纪，平板电视、手机、车载导航仪及 DVD 影碟机等信息通信仪器和娱乐家电亦迅速数码化。

对于普通消费者来说，数码电器具有功能强、体积小、价格便宜等特点。例如，CD 播放机播放的音乐丝毫不逊色于音乐发烧友高价购入的音响设备；手掌大小的高清数码录像机拍摄的影像也超出了过去需要肩挑背扛的专业模拟录像机；平板电视和电脑在更新换代时不仅性能成倍提高，而且价格大幅下降。这些都得益于日新月异的数码技术。

数码技术，简单来说，就是把结构复杂的电路浓缩到一个半导体芯片中。传统的电路板需要在线路板上精密地焊接许多零件，而制造半导体芯片则只需按照影印的电路结构图样把线路蚀刻在硅片上。因此，只要有相关设备就可以实现半导体芯片的大规模生产，从而能够节约成本、降低价格。近年来，半导体的集约程度越来越高，指甲盖大小的芯片就相当于焊接有上百万个零件的电路板，液晶基板等平板电视的核心部件可以说就是半导体集合体。

随着家电数码化的普及，进入 21 世纪后，生产和销售通用型数码电器零部件的厂商也如雨后春笋般不断增多。鉴于半导体生产设备价格高昂，因此生产商一旦进行设备投资就必须不停运转才能尽快收回成本。各生产商的大规模生产不仅增加了产品的数量，也丰富了产品的种类，大规模生产使零部件的价格不断地下降。源源不断地流入市场的价格低廉的零部件为平价平板电视等低成本数码电器的生产创造了空间。

不论是秋叶原的电器一条街还是友都八喜等大型家电量贩店都有销售电脑零部件的专门柜台，在这里可以找到 CPU（中央处理器）、主板、硬盘、光驱、内存、电源等组装一台电脑所需的所有部件，按照预算分别购入较高配置的部件就可以组装成一台家用电脑，其功能超过十多年前的超级计算机。同理，一家企业如果采购各种通用型数码电器的零部件就可以组装出功能齐全的平板电视、智能手机、平板电脑等数码电器。正是丰富的零部件供应使这样的企业越来越多。

数码技术的特点是只要使用同样的零部件，产品的性能就基本相同。与缺乏经验的消费者自己组装电脑不同，企业的专业技术人员在使用通用零部件组装产品时，都对其相互间的兼容性进行过检测，因此，使用价格低廉的通用零部件组装出的平板电视与知名企业的产品相比，在画质等性能上其实相差无几。美国的瑞轩公司正是一家抓住这一商机获得了巨大成功的企业。这家总部设在加利福尼亚州的企业在日本的知名度还不高，但其在 2007 年仅平板电视的销售额就约 2000 亿日元，匹敌当时在美国平板电视销售市场占有率位居榜首的三星公司。

瑞轩公司的经营特点是零部件全部来自中国的台湾厂商，提供的商品则聚焦于受美国消费者青睐的 30 英寸、40 英寸和 50 英寸这三种型号的平板电视。瑞轩公司并未拥有自己的生产工厂，所有生产活动都委托给专业电子代工服务生产商，而且在美国的销售渠道则全部利用利润分成较少的仓储型平价量贩店。这些经营方式有效利用了数码技术的优势，因此获得了成功。瑞轩公司的创始人是台湾裔美国人威廉·王（William Wang）。2002 年，他卖掉房子、筹措资金成立了这家公司，利用他对时代发展趋势的敏锐洞察力，使企业在短短几年的时间里迅速壮大起来。我在彼得·德鲁克研究所任特别顾问期间为研究生院研究生举办过一场以"近代制造业与传统制造业"为题的交流研讨会，在这次研讨会上我与威廉·王面对面地交流过。他的才华给我留下了深刻的印象。

从结果来看，数码电器的迅速普及对日本家电厂商来说是迎头一棒。得益于数码技术的进步，零部件的体积越来越小、重量越来越轻，组装工艺也变得更加简单。诚然，日本厂商在这一过程中也获得了发展，但是，只要组装起半导体芯片就能生产出高性能家电这一时代变化却使日本产品高质量的光环逐渐暗淡了下去。

20世纪80年代之后，日本成为制造业大国，高超的生产技术和严格的质量管理使日本产品风靡全球。当时，家电生产采用的基本上都是模拟技术，设计水平和生产工艺决定了产品的性能和质量，正是由于日本家电厂商研发和生产部门技术人员一丝不苟的工作，才使得家电产品成为日本的拳头产品，其中蕴含的知识、技术和工艺可以说成了日本家电厂商的家传秘方。其中，最具代表性的产品是音响、电视机和录像机。在松下电器公司和索尼公司的产品横扫全球市场时，美国无线电公司（RCA）、珍妮丝公司（Zenith）、马格纳沃克斯公司（Magnavox）、通用公司（GE）、摩托罗拉公司（Motorola）及西凡尼亚公司（Sylvania）等曾在20世纪70年代之前占据美国市场的美国公司都退出了这三个产品的市场，在日本家电厂商面前一败涂地。然而，数码时代使产品的高质量和高性能不再是日本厂商的专利，其他国家的电子产品生产厂商在中国设立规模庞大的工厂，积极利用廉价劳动力和日本尖端的生产机器人不断生产出低价、高质的产品，使日本厂商面临巨大挑战。

家电逐渐成为日用品

数码技术缩小了不同厂商的家电性能差距，在这种情况下，价格就成了市场竞争的决定性因素。消费者在购买汽车时，即使性能指数上没有差异，但仍趋于购买具有一定业绩、安全有保障的大型汽车厂商的产品。家电与私家车不同，消费者在购买家电时，在性能相近的情况下，多数人会选择较为便宜但知名度并不高的厂商的产品。但是日本的消费者比较特殊，他们大多中产阶级意识浓厚，更加看重品牌，因此即使价格稍高也会选择知名厂商的电器产品。但在一些以低收入层为主流的国外市场，消费者大多注重实惠，这也是瑞轩公司等新兴企业的产品能够迅速深入人心的重要原因。

那么，如何才能降低产品的价格呢？首先必须降低零部件的采购成本。通用型零部件的价格本身就较为便宜，而通过大量采购则可以进一步削减成本。换句话说，只有通过大量采购通用型零部件进行大规模生产，才能在市场竞争中立于不败之地。

其次是要控制组装生产中的人力成本，缩减劳务费用。这不可能通过调低既有工厂工人的工资来实现，而需要把生产基地转移到劳务费用相对低廉的国家或地区。如今，中国被称为"世界工厂"，尽管中国沿海地区的工资上涨速度较快，但是人力成本仍然只有美国和日本的 1/5 左右，而内陆地区的人力成本就更低，有些地区甚至只有美国和日本的 1/10。除了人力成本之外，中国的电费、物流成本等相关费用也较低。从这个角度来说，在中国进行生产就能具备一定的价格竞争力，这也是越来越多的日本企业把生产基地转移到中国的重要原因。

再次是销售成本。如何与流量大的大型平价量贩店携手合作十分重要。在日本，专业的家电量贩店是家电产品的主要销售渠道；而在其他国家，综合性平价量贩店才是家电销售的主要窗口，如美国的沃尔玛和好市多、法国的家乐福、英国的乐购、德国的麦德龙等。在国外的电视新闻中，经常可以看到消费者在平价量贩店里自己把家电产品搬上购物车到付款台付款的情景，这些平价量贩店的店员一般不会向消费者一一介绍家电产品的性能，消费者基本上是先通过互联网对产品的性能和价格进行调查，然后到价格最便宜的平价量贩店把中意的产品搬运回家。因此，平价量贩店在产品的销售当中所占的利润分成较少，而且还可以从生产厂商那里大量进货，这对于希望发挥价格优势的生产厂商来说是一个绝好的销售渠道。

大量采购通用型零部件、在人力成本较低的国家进行大规模生产、在跨国平价量贩店大量流通的产购销方式逐渐成为家电业的主流，数码电器也逐渐由奢侈品转变为日用品（Commodity）。英文 Commodity 可翻译成"商品"，常用于表示特性不明显的日用品或通用品。具体来说，随着数码电器的普及程度不断提高，品牌和产品型号对其功能和质量的影响越来越小，价格也越来越便宜，消费者可以像购买日用品一样来选择中意的数码电器。其中的一个典型事例就是平板电视，就在短短的 10 年前，平板电视对于普通家庭来说还是一种奢侈品，而现如今，国外消费者在平价量贩店把平板电视与烧烤器皿、园艺用品等日用品一起堆放在购物车上在付款台前排队的情景随处可见。

引领这一时代新潮流的另一典型产品是美国苹果公司生产的创新性产品 iPod。iPod 起初采用小型硬盘来存储音乐数据，但由于它是便携型音乐播放器，因此使用者在随身携带时不免会产生振动和撞击从而容易对硬盘造成损坏。当时，由于小型硬盘的性能和质量尚不稳定，修理等售后服务的成本很高，因此其他公司都对大规模启动 iPod 类似产品的生产存有顾虑。但苹果公司却认为"出故障了，消费者愿意买新的"或"厂商也可以为消费者更换新机"，基于这种崭新的理念，iPod

的销售获得了巨大成功。

可以说，苹果公司对 iPod 的经营思维归根结底就是把数码电器视为消费者的日用品，而消费者的实际行动也印证了苹果公司判断的正确性。iPod、iPhone 等苹果公司的产品与其人气程度相比，价格相对便宜，而且苹果公司不断更新产品型号，提高产品性能，这也促使消费者积极进行产品的更新换代。

反观日本的家电产品，其高质量意味着经久耐用，这在数码电器逐步成为日用品的当今已经失去了魅力。前面已经提到，数码电器其实是芯片的组合、模块的结合，因此如果出现故障只需更换相应的芯片即可。但半导体芯片得益于大规模生产价格已经变得低廉，而提供更换零部件服务的人工费用则居高不下，因此在数码电器出现故障时，与其送给厂家修理，不如买个新的更合算。用坏了就买个新的，这就是日用品所具备的特征。

当然，日本厂商如果能实现数码电器的大规模生产并压低销售价格，加之在产品性能上原本就具有优势，在国际市场上也会颇具竞争力。但是一直以来，由于日本厂商过于拘泥国内生产，因此与在中国利用廉价劳动力进行生产的国外厂商相比，产品成本天差地别。再加上日元汇率从 2005 年左右的 1 美元兑 110 ~ 120 日元上升到 2012 年的 1 美元兑 80 日元的水平，升值幅度超过 30%，这对出口贸易来说无疑是雪上加霜。日本家电产品在这种情况下与国外产品进行竞争无异于痴人说梦。

松下幸之助先生的"自来水理论"

其实，松下幸之助先生早在第二次世界大战前就预示大规模生产将是时代发展的必然趋势，他的这一理论被称为"自来水理论"。尽管当时无法预知数码技术的诞生和发展，但他这种高瞻远瞩的理论如今仍对家电业的发展具有指导意义。松下幸之助先生在 1932 年 5 月 5 日召开的松下电器公司第一届创业纪念典礼上致辞时，阐述了自来水理论的诞生经过。

那是一个酷夏的傍晚，松下幸之助先生在散步时注意到这样一种现象：人力车夫在口渴时都会随便找一家路边住户，到人家的自来水管前喝水解渴。对于住户来说，自来水的消费虽然需要交纳水费，但是谁都不会去呵责人力车夫或向他们收取费用。这一现象引起了松下幸之助先生的思考：究其原因，不外乎自来水随处可得，而且价格十分低廉。如果所有家电都实现了大规模生产，都变得如自来水一样普及且价格便宜，那么人人都会过上富裕的生活。

在创业纪念典礼上，松下幸之助先生指出："制造业的责任之一是要消除贫困，为此有必要不断生产出更多的产品。制造业的责任之二是要如自来水供应一样源源不断地向人们提供价格便宜的生活物资，这样才能创造幸福的生活，才能使世界变成一片乐土。这也是松下电器公司肩负的使命。"

让家电都变得如自来水一样便宜、普及，这种思路正预示了当今家电逐渐成为日用品的时代潮流。数码电器的价格不断下跌，这让许多低收入的家庭也拥有了大屏幕的平板电视，看上了清晰的数字电视节目，可以说，松下幸之助先生理想中的乐土正在一步步得以实现。

为了控制产品价格，松下幸之助先生战后在当时工资水平较低的四国和九州分别设立了"松下寿电子工业公司"（现"松下保健用品公司"）和"九州松下电器公司"（现"松下系统网络公司"）。这两个公司当时都是生产出口产品的专业公司，之后成了松下电器公司打入美国市场的中流砥柱。松下幸之助先生的这种压缩人力成本实施大规模生产的经营方式与如今专业电子代工服务生产商在中国设立生产基地的经营模式异曲同工。

数码技术的普及给家电业带来了翻天覆地的变化，日本厂商在其中风雨飘摇。而回想起松下幸之助先生具有前瞻性的"自来水理论"，不免惊叹不已。

势不可挡的互联网浪潮

数码技术的发展使生产高质量的家电产品变得轻而易举，因此如何通过大规模生产和规模性销售降低产品价格就成了市场竞争的关键因素。事实上，数码技术同时还推动了另一项大的社会变革，它就是互联网。

从 20 世纪 90 年代后期开始，互联网在日本逐步普及，深入人们的工作和生活。现如今，连模拟手机和智能手机都接上了互联网，无论男女老幼，互联网已经成为社会生活中不可或缺的一部分，而且互联网对家电业也产生了巨大影响。

过去，家电都是相互独立的，功能上也都各自为政，例如，看电视用的是电视机，打电话用的是电话机，听音乐用的是 CD 播放机和音响，玩游戏用的是游戏机等。录像机和 DVD 影碟机虽然要连接到电视机上使用，但从播放影像这一功能上来说，它们也是独立于电视机的。但如今，由于互联网技术的发展，这些家电的功能在互联网空间成了一个开放的集合体，用一个家电终端就可利用其中的多项功能。最具代表性的产品就是苹果公司生产的利用泛在电脑技术的一系列商品。

"泛在"相对应的英文为 Ubiquitous，解释为"随时随地、无所不在"等。而泛在电脑技术（Ubiquitous Computing）指的是可以随时随地利用电脑和互联网的技术。苹果公司的系列产品就是要创造一个泛在环境，让消费者可以在利用互联网时不受时间和空间的约束，这一崭新的产品理念和相关服务立即得到了消费者的认可和追捧。

苹果公司系列产品的核心是 iTunes 商店，它是一个建立在互联网空间的网络商店。iTunes 商店有音乐、电影、游戏、电子书籍以及应用软件，用户可以随时随地通过互联网购买和下载。在美国，数字音乐的销售额已经超过了 CD 音乐碟，而 iTunes 商店在美国数字音乐销售市场的份额位居第一。换句话说，苹果公司已经成为美国最大的音乐零售商。

由此可见，家电业的商务模式已经开始出现转型，从仅经营硬件产品逐步转变为提供包括硬件产品和相应互联网服务在内的软硬综合服务模式。互联网技术在家电业的应用为人们开创了越来越多的新生活方式，例如，如果把下载到 iPhone 中的菜谱传输给微波炉，微波炉就能自动按照菜谱烹制菜肴；在外地可以通过 iPhone 或 iPad 远程遥控家中的录像机，对电视节目进行定时录像；或远程操控家中的空调，调整室内温度等。苹果公司还计划开发暂定名为"iTV"的产品，把电视节目的播放与互联网结合在一起。有人认为，这一产品将来有可能成为可操控家中所有电器的家庭服务器。这一发展趋势意味着无论数码电器个体的性能如何优良，如果不能与互联网、电脑、智能手机等网络相关产品实现互动的话，那就会被时代所淘汰。而如果这种实现家电互动的核心产品或是核心驱动软件被某家厂商独自掌控，这将给全球家电业带来无法预计的冲击。

20 世纪 90 年代后期，时任索尼公司总裁的出井伸之曾在发言中把互联网比喻成陨石。陨石并非特指流星般的陨石，据说，约 6500 万年前，一颗巨大的陨石坠落在现墨西哥尤卡坦半岛附近，这一撞击造成了地球气候的巨大变化，导致恐龙灭绝。出井伸之正是把数码、互联网和宽带技术比作冲击家电业的巨型陨石，家电业的数码革命有可能让家电业曾经的王者如恐龙一样消失在历史的长河中。当时，如我一样在美国工作的家电业人士对出井伸之的这一比喻深有体会。在出井伸之发言后不久，苹果公司等 IT 企业就开始不断推出令人耳目一新的家电产品，在家电业掀起了革新的浪潮。关于利用泛在技术的产品会在第六章进行详细的介绍和分析。

"加拉帕戈斯化"的家电产业

日本家电厂商并没有充分认识到数码技术引发家电业变革的重要意义，没有预见到抱陈守旧、故步自封将会造成的可怕后果，仍然躺在过去获得巨大成功的理念和经验当中自我陶醉，这在日本被称为"加拉帕戈斯"。"只要生产高质量的产品就一定能被全球消费者认可和接受"，这一坚定不移的信念让日本厂商近几年付出了惨重的代价。

2004 年，我接到了一位美国大型家电量贩店负责人的电话，他提醒我说："在我这里，韩国产品和中国产品的销量在不断增加，而日本产品却始终不见起色。美国各地的家电量贩店都有类似情况发生。你们有必要采取对策了。"作为在美国家电业摸爬滚打 20 多年的从业人员，我深切感受到了他这番话的分量。这么多年来，日本厂商在电视机、DVD 影碟机等拳头产品上第一次受到了来自亚洲厂商的威胁。当时，数码技术正在家电业掀起第一波浪潮。

我意识到问题的严重性和采取对策的紧迫性，于是积极向日本国内有关部门反映情况，力陈进行新的产品开发以便有效对抗亚洲厂商的重要性，并接受《日经商务》等经济杂志的采访表达了自己的担忧。遗憾的是，几乎所有的日本厂商都对我的警告视若无睹，错过了及时采取对策的良机。

诚然，生产高质量的产品这一理念并没有错，但是，日本家电厂商所追求的"高质量"与全球消费者对家电价值的要求之间逐渐产生了偏差。而刚刚产生这一问题的时候，不管是经营管理人员、营销人员，还是研发人员、技术人员，都没能充分意识到问题的严重性和紧迫性。换句话说，日本厂商缺乏能够清醒把握市场发展方向的人才，在闭门造车中被时代抛在了后面。

我认为，人才匮乏是导致日本厂商在数码技术的潮流中迅速落后的重要原因，这一问题将放到第一篇的第三章进行阐述。在接下来的一章，我想先介绍和分析家电业生产从垂直整合向水平分工的转变，这是数码技术普及给家电业带来的另一个变化。

第二章　在水平分工潮流中落伍的日本

从垂直整合到水平分工

如今，到美国的家电卖场去转转的话，许多日本人都会大吃一惊。位居电视机卖场畅销榜前几名的是韩国的三星、LG 以及其他各种品牌的产品，它们都陈列在最引人注目的地方；松下、索尼、夏普等日产电视机则被放在了不起眼的角落。而在印度、俄罗斯及中南美国家，这种情况更为显著，卖场里几乎都是三星和 LG 的产品。尤其像冰箱、洗衣机、烘干机等白色家电，要想找到日本产品更是件难事。家电市场份额得到飞跃提升的都是亚洲企业，这就是当今世界的残酷现实。

可是，纵观 20 世纪就可以明显看到，日本的家电厂商一直在回避现实，竭力贬低韩国、中国台湾和中国大陆的后起之秀。日本的厂商认为，"三星和 LG 是得益于韩国政府诱导的韩元贬值政策,谁知道改朝换代了会怎样","中国台湾和中国大陆的企业都是模仿日本,最尖端的技术根本没法和日本相提并论"。或许是因为在日本国内市场具有绝对优势,日本家电业大多都冷眼注视着亚洲企业的壮大。

可是,这期间亚洲企业却顺应国际市场,稳步前进。为了适应世界各国、各地消费者的不同需求,推出了丰富多彩的产品。当日本厂商只推出一种机型时,亚洲企业则会推出三四种机型,产品价格也较低,更有利于商家销售和推销。日产家电被冷落到角落这一结果就可想而知了。

进入 21 世纪以后,随着数码技术的进步,大量生产、销售成为产品在市场上论成败的关键。能够适应这种环境变化的企业则业绩快速增长,反之,反应迟缓的企业则陷入困境。其实,他们的区别在于是否实现了从垂直整合到水平分工的转换。在 20 世纪 80 年代以前还是以模拟技术为主流的时代,通过采用垂直整合的经营方式获得成功的企业也很多,其代表有日本的松下、索尼及夏普等公司。但是,2000 年之后数码电器已成为主流,采用水平分工方式进行生产的企业则成为胜者。

这里,我们首先来对比一下这两种生产方式有什么不同。

　　垂直整合型经营方式是指，一个企业集团从研究企划、市场营销、商品研发、生产销售到售后服务形成一条龙式的手法。一直以来，日本企业大多采用全面出击的方式涉足从上游到下游供应链的所有环节，这是日本人非常擅长的手法，其合理性在于全部自力更生的话就可以实现收益最大化。从技术方面来说，如果利用其他公司开发的技术就必须支付专利费，而本公司自己开发不仅可以节约相应成本，而且还可通过技术转让实现盈利，即研发部门也可成为盈利部门。零部件生产也是如此，比起从其他公司采购，还不如在集团内成立一个专门生产零部件的公司，通过集团内部交易节约成本，肥水不流外人田。

　　销售也是同样如此，如果委托贸易公司出口产品的话就必须支付佣金，不如自己开办贸易公司合算。在日元汇率走低的时期，拥有自己的贸易公司还可通过汇率差价产生收益。日本厂商在哪个地方销售便在哪个地方设立一个销售公司，我曾担任过董事长和总裁的美国松下电器公司就承担着在美国的销售业务。进而，日本厂商还进军售后服务领域、提供分期付款等服务的金融领域等，使供应链的每个环节都成为创收的源泉，这种垂直整合型经营方式已在日本深深扎根。

　　不仅如此，垂直整合型经营还为日本厂商生产高质量产品提供了保障。因为从产品研发到生产都在企业内部完成，这有利于产品质量的管理，并可积累尖端的生产技术。生产第一线积累的独特技术成了与其他厂商竞争的杀手锏，进而使日本制造也成了高质量产品的代名词。

水平分工的特点

水平分工型经营方式是：从商品企划、开发、零部件采购到生产等各个环节都是外包给其他专业企业。而近年来，数码家电业水平分工的特点是国际大企业都纷纷向水平分工转型，与其说是单纯的委托加工，不如说是强强联合，聚集高技术和销售服务力量，其目的在于提升国际竞争力。

向水平分工转型的企业增多的一个原因是，作为数码电器的核心，半导体和软件的技术开发越来越尖端复杂。要开发大规模的超大规模集成电路（VLSI）等高集成电路以及以操作系统（OS）为代表的大型软件需要庞大的人力和预算，开发时间往往也需要好几年。并且，半导体的生产设备都非常昂贵，要建一个工厂就需要高达数千亿日元的投资。同时，技术革新日新月异，好不容易投入宝贵资源开发出的产品，有可能瞬间就落后于时代。因此，这样的企业就应运而生：半导体和软件分别从专业公司调配，自己无须进行研发和生产。如此一来，半导体从英特尔、德州仪器、三星、摩托罗拉，软件从微软和谷歌采购就最合算和风险最低了。而且，对于半导体和软件公司来说，由于各自进行了大规模的开发投资和设备投资，为了回收投资，获取利润，也希望能够大量销售自己的产品。事实上，国际上的智能手机几乎都采用谷歌的手机终端操作系统"安卓"，因为如果要开发同样的软件，就需要庞大的投资，但现在智能手机制造商都陷入了日益激烈的价格竞争，根本就没有这样的能力。

同时，未拥有自家工厂、生产外包的企业也越来越多，一个重要的因素是数码电器的组装并不像模拟家电那样需要高难度的技术。比如，录像机里的驱动装置很多，生产技术的差异直接影响产品质量。高速旋转的磁头既要准确地把磁带卷起来，又不能让磁带绞住，必须具备相当高难度的"机电一体化"的专长技术，而日本制造商最擅长这种机械和电子控制相结合的"机电一体化"技术。但是，平板电视机、智能手机的驱动装置是极少的，几乎都是芯片。对专业电子代工服务企业的要求，反而是生产和成本管理，如需要在交货期内完成大批量产品的制造或是零部件的大批量采购。

难以适应的日本厂商

　　垂直整合和水平分工各有千秋。但就现代数码电器业而言，水平分工在生产速度方面更胜一筹。数码电器业的发展速度已和 IT 行业并驾齐驱，电视机与电脑、CD 音乐播放器与智能手机之间不断融合，生产速度就显得尤为重要了。

　　企业如果有效利用水平分工，购入最新的半导体和操作系统就可以研发新产品，同时，不需要拥有自家工厂和生产技术，把生产外包就可以进行批量生产。这样，企业既可以节约固定成本，减轻经

松下电器公司的尼崎工厂。从近到远依次是第一、第二生产车间（2012 年 3 月，兵库县尼崎市）

营负担，也能降低产品价格，提高价格竞争力，有利于在市场竞争中占据优势。

　　水平分工型经营的典范可以说是苹果公司。最具代表性的智能手机 iPhone，除了产品企划和设计是由苹果公司内部完成的之外，主要零部件如液晶屏幕、微处理器、半导体记忆装置（DRAM）、闪存等都主要由韩国

的三星和 LG 公司提供，还有许多零部件是由日本、中国台湾的企业提供。组装则在全球最大的专业电子代工服务企业——鸿海精密工业公司设于中国大陆的工厂进行。前一章介绍过的生产平板电视的美国著名企业瑞轩公司以及 IT 业界的惠普、戴尔等公司也都是水平分工的成功典范。水平分工使得没有能力开发尖端零部件、因缺乏资金未能拥有自己的大规模生产工厂的新兴企业依靠产品的创新和市场营销的力量，也可以向世界推出畅销产品。无论是电脑等 IT 产品还是数码电器所使用的半导体及液晶屏幕等相当多的零部件都是通用的，两个行业的分界线几乎快要消失，这正好印证了这个事实。

那么，日本的家电业是否跟上了水平分工的潮流呢？很遗憾，答案是否定的。正由于垂直整合在 20 世纪 80 年代获得了绝对性的成功，所以，日本厂商根深蒂固地认为这一方法一定能再度辉煌——已经尝到过的甜头是难以忘怀的。

此外，日本厂商非常忌讳和海外企业合作而使技术秘密外泄。20 世纪 90 年代正好是韩国、中国台湾等亚洲企业迅速成长、日益壮大的时期，和这些后起之秀合作对日本厂商来说就意味着养虎为患。为了守住在第二次世界大战后通过孜孜不倦地努力积累的技术秘籍，日本厂商只有一个选择，就是固守垂直整合型经营。其结果就是，松下电器公司在兵库县尼崎投资4，250亿日元建起了等离子屏幕工厂，夏普公司在大阪府投资4，200亿日元建起了超大型的液晶屏幕工厂，但都没能取得预期的成果。

我也曾参观过夏普公司的液晶屏幕工厂，那庞大的阵容不禁让我联想起了战舰大和号。太平洋战争时期，战争胜负取决于制空权，但日本海军仍拘泥于巨舰利炮，其原因是其在日俄战争的海战中因战舰取得了胜利，因此难以割舍"以战舰一决雌雄"的战略思想。摆脱对过去成功经验的迷恋在商界也同样重要，以上事实使我们再次深切地感受到做出正确经营判断有多难。

水平分工的支柱：专业电子代工服务

水平分工的支柱是专业电子代工企业，其在日本也越来越受重视。专业电子代工服务企业的龙头老大——鸿海精密工业公司2012年与日本夏普公司达成协议，决定向夏普公司注资，这使得专业电子代工企业进一步受到经济界的关注。

恕我赘述，"专业电子代工企业"，顾名思义就是为那些没有自家工厂的制造商代工，为其提供外包服务的企业，主要生产和组装数码电器和 IT 设备等。专业电子代工服务有两种，一种是单纯代工，被称为贴牌生产（OEM：Original Equipment Manufacturer）方式，另一种则提供包括开发、设计等在内范围更广的代工服务，被称为原始设计制造（ODM：Original Design Manufacturer）方式。制造商如果利用原始设计制造方式的代工服务，不仅不需要拥有工厂，连设计、开发部门都省掉了。因此，对于那些想要自主创新的风险企业以及希望创立自有品牌的零售业企业来说，原始设计制造方式是非常有益的。

虽然提供代工生产服务的企业过去就存在，但是今日受到如此注目就是因为其特色——规模。以"富士康"品牌主要在中国工厂进行生产的全球最大代工企业——鸿海精密工业公司拥有的职工人数，2007 年是 55 万人，2010 年达到 80 万人，现在已超过 100 万人，可见其惊人的发展速度。鸿海精密工业公司的营业额也达到了 10 万亿日元，但是制造商支付给专业电子代工服务公司的加工费却出乎意料的低，比如，组装一台苹果公司的 iPhone 手机，代工费大概是 10 美元（以 2012年 1 美元兑 80 日元的汇率计算，约合 800 日元）。因此，如果要赚到 10 万亿日元，简单计算一下，一年就必须生产 125 亿部手机。即使不这样计算，可这也是一个惊人的数字。反观日本厂商，如果将夏普公司设在大阪府的工厂年产量换算成 40 英寸液晶显示屏的话，则为 1,560 万个。这在日本厂商当中已经是屈指可数的，而一般的日本厂商年产量最多只有 100 万个。也就是说，专业电子代工龙头企业的产量已经达到日本厂商的百倍乃至千倍，以制造业大国为荣的日本厂商已经风光不再。

　　我曾到专业电子代工企业排名第二位的伟创力公司（总公司在新加坡）设在中国珠海的工厂参观过。那是一座代工生产电视机、影碟机及数码照相机等产品的工厂，员工达到 3.5 万人，员工食堂的面积相当于一个体育场，厂区内设有齐全的生活娱乐设施，宛如一座城市。我被这座工厂的规模所震撼，也被这万众一心致力于生产的活力所感动。

　　一踏入车间，我就看到在生产线上忙碌的、成排的由日本等国制造的最新型机器人。说到中国的工厂，人们往往会联想到众多工人集中在一起进行手工劳动的情景，其实不然。据日本机器人制造商透露，专业电子代工企业一次会订购大批量机器人，订购数量是日本企业的 10 倍以上。

　　车间里也是井然有序，一看就知道具有相当高的生产技术。事实上，苹果公司在产品设计上始终贯穿着已故创始人史蒂夫·乔布斯的美学理念，零部件和零部件之间的接缝焊接必须严丝合缝，这对组装加工的要求非常高。承接苹果公司产品生产的专业电子代工公司不仅能够达到苹果公司对产品质量的苛刻要求，还为其产品的大规模生产提供了保证。因此，可以说正是由于专业电子代工企业的存在，才出现了今天家电厂商之间激烈的价格竞争局面。

花落他家的专业技术人才

在以专业电子代工公司为首的亚洲企业里，活跃着许多日本人，他们都是经验丰富的技术人才或经营管理人才。亚洲企业在短短 10 年当中就掌握了世界最先进的生产技术，诚然，其自身的研发努力功不可没，但引进高水平的技术、知识和经验所起到的重要作用也不容置疑。

事实上，在这些亚洲企业工作的日本人当中，有很多是在日本的裁员风潮中失去工作岗位的人，或者是一些在日本虽然已到 60 岁退休年龄、但身体健康还想继续工作的老年人。就这样，因裁员或退休在日本失去工作的技术人才被亚洲企业纳于帐下，他们将日本的技术秘密倾囊相授，使得亚洲企业迅速成长为日本的竞争对手。

几年前，我曾去台湾拜访了东元集团公司的黄茂雄董事长，他是我在母校明治学院学习时的学长。东元集团公司旗下有东元电机公司等综合性电机制造企业。黄董事长同时还是中国台湾的经济团体——"工商协进会"的理事长。黄董事长这样对我说："岩谷先生，现在日本是不是困难重重啊？"

的确，2011 年发生了东日本大地震，同时由于泰国的洪水和日元走高等因素，日本的家电行业正经历着前所未有的困难。我以为黄董事长是担心这种状况，其实不然。

"最近，我们公司也源源不断来了许多从日本企业辞职的优秀技术人员。我们公司过去要录用日本人才非常困难，还特意在东京开设了办事处，真是费尽了九牛二虎之力。而现在我们要招聘日本人才的话，就像把手伸到拧开的水龙头下接水那么简单。"黄董事长边说边张开手掌，做了个接水的手势。

他的话给了我很大的震撼。的确，日本大型厂商计划撤并工厂、实施裁员的消息常常见诸报端。现在，黄董事长的话表明许多在日本失去工作的技术人员都被亚洲企业收于麾下。据说，中国台湾企业在聘用日本技术人员时都给予了他们和日本公司同等的待遇。鉴于中国台湾的平均工资水平远远低于日本，这一聘用承诺简直就是一种特殊的照顾，并且日本员工每月都可回日本休假一个星期，往返机票由公司负担。而在过去即使提供这么好的条件，中国台湾企业也不易招募到日本的技术人才。但日本企业的大规模裁员使黄董事长如今能够轻而易举地获得过去千金难求的人才。同时，作为我的友人，黄董事长又对日本厂商的现状感到担忧。

在日本，被"炒鱿鱼"或主动辞职的技术人员多数只有50多岁，但在亚洲企业，即使是60岁退休的技术人员还会被企业返聘回来发挥余热。因此，到了退休年龄就必须解甲归田的日本企业的做法在亚洲企业眼中简直就是对人才的一种浪费。

其实，亚洲企业在日本网罗人才的行动，在日本泡沫经济崩溃的20世纪90年代就已经开始了。韩国三星公司尤其在这方面倾注了不少力量，大量吸收因泡沫经济崩溃不得不精简人员的日本企业流失的人才。众所周知，三星公司在20世纪90年代以后的十几年时间里获得了飞跃发展，而其中来自日本的技术人才则发挥了举足轻重的作用。

毋庸置疑，人才流失是日本家电厂商陷入困境的最大因素。为了不让"制造业大国"日本的技术秘密泄露到海外竞争对手手中，日本企业拘泥于垂直整合的经营模式和国产化，这样故步自封的结果却导致经营恶化，不得不一而再再而三地进行裁员，最终反而使得技术和经验落入了竞争对手手中，这不能不说是一种讽刺。

不可否认，裁员有时是一种迫不得已的措施，如何把握解决燃眉之急和长期发展之间的平衡绝非易事。但要重振日本家电业，就必须从这个突破口出发，在环环相扣的各种问题当中解开这最关键的一环。

松下幸之助先生的"共存共荣"的理念

国外企业从 2000 年开始致力于向水平分工转型，相反，日本企业却坚持垂直整合型的经营模式。如果日本企业能够用现代思维对松下幸之助先生提倡的"共存共荣"思想进行解读的话，说不定已经完成了向当今时代水平分工的转型。

松下幸之助先生如是说："在万物相关的社会，只有特定的事物能够繁荣，但那也只会是一个短暂的时期，不可能长久。只有共同繁荣，共存共荣，才会有真正的发展和繁荣。"

这句话可以做如下解读：垂直整合即使成功也是一时的，要长久保持发展，只能依靠水平分工，建立起双赢的关系。

曾几何时，随着公司的发展，松下电器公司的周围聚集了很多零部件和产品的供应企业。这样的企业一般被称为"承包商"，而松下幸之助先生则一直称之为"合作企业"或"协作公司"。这个习惯称呼在松下电器公司改名为 Panasonic 之后一直延续至今。我还记得年轻的时候曾因为无意中将其说成承包商而被领导训斥。

松下幸之助先生认为公司的合作企业同时又是客户。合作企业若通过和松下电器公司的业务关系盈利就会购买松下电器公司的产品，合作企业的员工也会成为松下电器公司的支持者。此后在这种思想指导下，最初以大阪市为中心的合作企业群，逐渐地扩大到了日本全国。

虽如此说，但松下电器公司和合作企业之间并不是互相迁就的关系。双方既然进行市场交易，那么在生产成本方面都会互不相让。只有在互利互惠的基础上，双方的合作关系才会牢固、长久。

而且，松下电器公司与合作企业之间还建立了共享福乐的企业友情。记得 1971 年我被调到干电池事业部时，每逢盂兰盆节或新年都会举行招待合作企业的晚宴。我当时由于年轻，总是被叫去帮忙。仅干电池事业部就要招待近 100 家合作企业，而电视机事业部和录像机事业部所招待的合作企业更是达数百家。每到冬去春来、樱花盛开的时节，干电池事业部的领导还会把合作企业的上层领导邀请到自己家中，举办赏樱会，进而交流感情。可见，当时松下电器公司是非常重视合作企业的，而且视合作企业为生死与共的商务伙伴。但是现在，这些活动因缩减经费大概都已被取消了吧……

如果把这种理念推而广之，即将其应用于当代跨越国境探索共同发展的道路，也绝不是什么异端的想法。前面提到的鸿海集团不辜负苹果公司的期待，在进行精密加工的同时，还把加工费压缩至最低。同时，鸿海集团从苹果公司获得了大量的订单，从而实现了飞跃发展。据说在中国，iPod、iPhone、iPad 相关的零配件供应商就有几百家。我有朋友在从事这一业务，营业额约数百亿日元，同时他还从事相关零配件的物流业务，能够在中美两国之间三天内送货上门。苹果公司利用中国强大的生产能力，惠及了周边的许多产业。

这不正是"双赢"，即松下幸之助先生所说的"共存共荣"的企业合作关系吗？即使这样的成功案例就在眼前，如今的日本企业还拘泥于垂直整合型经营模式，不能不让人感到深深的遗憾。

在垂直整合中植入水平分工的三星公司

如今，在数码电器业中取得巨大成功的企业里，只有韩国的三星公司采用的是垂直整合型经营模式。那么，与同样采用垂直整合型经营模式的日本家电企业相比，三星公司有何不同呢？

其一，三星公司是一个家族企业。经营者可以果断大胆地做出决策，及时进行大规模设备投资，积极推进包括动态随机存取存储器（DRAM）及闪存在内的半导体、液晶屏幕等数码电子零部件的大规模生产。重要的一点是三星公司的产量远远超过企业内部需求量，因此可以积极把大量产品推向市场。由此，三星公司的电子零部件产品具备了极强的价格竞争力。

其二，较低的韩元汇率使得三星公司的大规模生产如虎添翼，三星公司在保持价格优势的同时仍然可以有盈利的空间。

其三，三星公司通过零部件供应从全球领先企业那里学到了宝贵的数码电器生产技术。三星公司也向苹果公司供应大批量的零部件，在这个过程中对 iPhone 及 iPad 进行了彻底研究，其成果就是开发出了自己的 Galaxy 系列智能手机，销售额逼近全球最畅销产品

iPhone，同时超越了其他企业在短时间内成功开发出平板电脑，打破了苹果公司的 iPad 独占平板电脑市场的局面。

就是说，三星公司在采用垂直整合型经营模式的同时，在国际水平分工中又发挥了零部件供应商的作用，即积极地把从零部件供应中获得的技术应用到自家品牌产品的生产中，展示了灵活的经营战略。当然，较低的韩元汇率是一个关键因素。在现今日元汇率居高不下的情况下，日本企业即使采取同样的经营战略也很难获得三星公司那样的成功。

在国际外汇市场上，日元仍保持升值的势头。因此，三星公司的经营模式并不能成为日本企业的参考，只要日元继续升值，要想在维持国内生产的条件下获得价格竞争力，可以说是痴人说梦。

同时，对于三星公司来说，与其重要的大客户苹果公司之间还存在着旷日持久的专利之争，这对其今后的经营战略调整也会造成巨大的影响。

第三章　裁员造成的恶果

人才是企业最宝贵的财富

　　"岗位：董事。年薪：6，000 万~1 亿日元。合同年限：3~5 年。除年薪之外，另支付转职签约金数千万日元。配备私人秘书、带专职司机的用车，免费提供面积达 30 坪以上（1 坪约为 3.3 平方米）的带家具住房。提供本人回国探亲和家属来韩国的所有费用……"

　　据路透社报道，这仅仅是韩国三星公司为从日本企业挖走技术人才而开出的录用条件的一个例子。在日本家电·电子工业工作的 40 多岁的技术骨干年薪平均在 800 万~900 万日元，三星公司的条件可谓非常丰厚。海外企业为何如此不惜血本地招募日本技术人员？不言而喻，就是想要获得日本的技术和知识。

　　与此相反，业绩持续恶化的日本企业则在不断实施大规模裁员计划。业务规模不断缩小，员工遭到裁撤，产品开发环境和员工待遇不断恶化，在这种情况下，企业所需的优秀人才也不免会另寻出路。

"得不到人才，即使公司的历史和传统再辉煌，也将渐渐衰败。"

松下幸之助先生认为，对企业来说最重要的莫过于人才了，因为，没有人才的企业必然衰退，松下幸之助先生的话为我们敲响了警钟。现在我们有必要再一次细心咀嚼松下幸之助先生这番话的真实含义了。

进入 2000 年，随着数码技术的普及，日本家电厂商已经失去了积累至今的技术优势。在日本国外，那些痛下决心转换方向、采用水平分工型经营模式的企业就找到了活路，获得了成功。可如今，日本主要家电厂商的判断错了。

制定企业方向、开发并销售主打商品，靠的就是搞经营、技术和营销的人才。现在，苹果公司、三星公司和鸿海精密工业公司等海外企业创下了最高收益，而松下电器公司、夏普公司、索尼公司等日本企业却创下了有史以来最大的赤字。从这个结果看，我们必须承认日本企业在人才方面也落后了。

人才需要培养。在第二次世界大战之前的 1933 年，松下幸之助先生在把总公司和工厂搬到大阪门真市的同时，开办了"店员培训所"，他在这里描绘了培养将来成为公司栋梁的人才之蓝图。

二战结束后，松下幸之助先生在视察美国后曾如此感慨：在坚信这个巨大的市场可能性同时，深感自己英语能力的不足。回国以后马上设立了海外培训制度，派遣公司年轻员工去美国学习语言，同时，学习美国式商业习惯、培养国际观念。我在 1968 年进公司时，也得益于这个制度，能够远渡美国，真正掌握了市场营销和英语。从这个角度上来说，我也是松下幸之助式人才培养计划的获益者。

松下幸之助先生想要培养的并不是对上司唯唯诺诺的人，而是根据时机敢于向上司直谏、将来作为公司经营干部能够做出重要判断的人才。松下电器公司事业部的制度众所周知，在其制度下，最多的时候竟有 100 多个事业部互相竞争。事业部的负责人相当于一个企业的总经理。通过竞争，事业部之间互相切磋琢磨，培养出了许多高级经营管理人才。

可是，尽管拥有按照松下幸之助先生的理念创立起来的人才培养体系，2005 年之后，松下电器公司却逐渐失去了国际市场的份额。纵观整个日本，企业都缺乏拥有全球化观念的经营人才。

对于在商务第一线奋斗的亲历者而言，可能会觉得这是"旁观者的信口雌黄"。但是，日本借助高速度成长的气势，20 世纪 60 年代保持了持续发展，经历了 80 年代泡沫经济不断膨胀的时期，一直到 2000 年以后持续不断的世界性经济萧条。这期间我一直奋斗在商业第一线，感觉到这期间日本企业人才培养的立场渐渐发生了微妙的变化。不仅仅是松下电器公司，恐怕夏普公司和索尼公司也是同样的情况吧。

退休后我投身于大学的教育，有机会接触日本和中国学生，深切感受到了两者在对知识的渴求、人生理想上的差距。我觉得日本企业和海外企业在人才素质上的差异其实从学生时代就已经开始了。

在本章，我想分析一下日本家电业的人才以及对人才的看法所发生的变化。

裁员，造成企业财富——人才的流失

上一章，我阐述过许多日本技术专家活跃在亚洲的专业电子代工企业里，而这些巨大的专业电子代工企业支撑着水平分工。只要以家电为首的日本电子产业仍在持续不断地进行事业和生产基地的缩编，那么到亚洲企业谋求工作的日本人还将不断增加。

亚洲企业真正开始挖掘日本技术专家绝对不是近些

年的事。早在 1992 年，韩国三星公司就开设了"三星横滨研究所"。当时正值日本泡沫经济刚崩溃，许多日本企业正在大量裁员。这使得海外企业录用日本技术人员成为可能，但当时日本技术人员选择去海外工作的现象还不普遍。因此，三星公司设立了横滨研究所，作为日本技术人员"可以在日本从事研究开发"的据点。现在三星公司已经成为世界屈指可数的半导体制造商，支持其飞跃发展的可以说就是日本技术专家带去的在当时最为先进的技术。

因此，后起企业要想赶超，最有效的方法就是获取人才。虽然日本各大企业拼命保护高端技术，防止信息流传到外部，但是对于保存在离职技术人员头脑里的知识却束手无策。并且，只要获得人才，不但能获取无法用文字记录下来的详细技术秘密以及隐性知识，同时还可以获得创造出优异技术和商品的企业文化和理念。

为此，亚洲企业甚至对一些挖来的人才许诺，予以惊人的高额年薪和董事职位。同时，因为裁员而失去工作的许多日本人才也转职到亚洲企业去了。

1990—2000 年，在日本被称作"停滞的十年"，是日本制造业最艰难的时期。当企业业绩跌落的时候，改善财务状况的方法不外乎两种，即提高营业额和压缩经费开支。提高营业额是最理想的方法，可当根源本身在于经营业绩不佳时，最可能马上生效的方法就只有裁员了。因此，从泡沫经济崩溃后的 1990 年，到日本通货紧缩成为常态的 2000 年，日本企业屡次进行大规模裁员。

这个时期正好和亚洲企业的发展时机相重叠。当公司对自己的员工说"已经不需要你了"，而亚洲企业却说："请一定来我们公司"，"请来当我们的老师"，拼命地邀请你，你会怎么做？我想为数不少远渡重洋的人当中，有不少人或多或少地抱着对舍弃自己的公司还之以颜色的心情吧。

2012 年 5 月，曾经在美国松下电器公司一起工作过的员工在东京举办了一个聚会，就像同窗会，久别重逢，重温旧谊。于是，我也得以和最早辞职的两位同事再会。辞职后两人都转职海外企业，活跃在第一线，其中一位在一家中国台湾电子机械制造企业的驻日本公司任总经理。

据他说，其所在的公司主要向全世界出口导航系统和平板电脑等当代畅销商品，并得以飞速发展。从他的话语中能感受到自己为公司的成功做出了贡献的自信。他不但牢固掌握了松下电器公司的经营诀窍，同时在美国积累了丰富的商务经验，手中又握有众多客户渠道，像他这样的人才受到台湾总公司的厚遇也就理所当然了。实际上，他除了固定的年薪收入以外，恐怕同时还能获得公司的股票期权吧。其待遇比离开松下电器公司时要好上几倍了。

这天聚集在一起的旧日同事，跟我一样都是在终生雇用制度时代进入公司的。因此，最初大家对中途转职的两人或多或少都抱有同情的心态。但是，从二人的表情来看，转职后两人都工作很出色，过得很充实，让大家觉得担心是多余的。同时，觉得拥有如此强的工作能力却不得不离开公司，当时两人一定感到非常委屈。于是不由得令人浮现这样的疑问，为什么公司逼迫具有如此珍贵的战斗力人才辞职、离开公司呢？

日本企业重视人才的态度发生变化，不正是这个反复裁员时期开始的吗？

裁员真的非常有必要吗

日本家电大企业的裁员，一般以年龄划分，或者通过征询提前退休意愿的方式进行。因此，无论怎样都会把优秀人才归入裁员范围。同时，当得知公司要裁员时，就会出现这样的人——与其被公司炒鱿鱼不如自己先辞职的人及等辞职以后再找新工作不如在工作的同时就积极推销自己为今后铺好路的人。并且，往往优秀的人才都深谙公司裁员之道，一旦到了裁员之时，就会迅速行动。

这样的优秀人才不但身怀技术秘密、掌握许多大客户的渠道，还熟知企业文化和企业理念，可以说是具有高附加价值的人才。这样的人才离开公司，确实在一定程度上压缩了企业的固定成本，但同时存在着壮大竞争对手的风险。就像日本象棋，舍掉的棋子反而成了对手手中的棋子，反过来袭击自己。裁员可以说是一把双刃剑。

这种情况在美国也一样。美国企业在裁员的时候，为了不发展到打官司的程度，不得不从种族、性别、年龄等各个方面考虑，把这些弱小人群的员工排除在裁员对象之外。结果自然是"白人男青年"被裁掉。或者是，用关闭办事处或事业部门的方式解雇所有员工，这样就基本上没有了发展到打官司的可能。只是，不管怎样做都和个人实际能力没有根本关系，无论日本式的裁员还是美国式的裁员，公司都必须在要留下的员工和要辞掉的员工之间划一条线。并且，当公司决定裁员时，优秀人才自动转职的倾向美国比日本更明显。想在裁员后只留下优秀人才是极其困难的，还不如说流失的优秀人才比预想的还要多，这就是裁员的必然结果。我要强调的是企业有必要铭记这一点。

所以，松下幸之助先生在经营企业的时候绝对不裁员。在 1929 年的世界大恐慌中，日本也被卷入美国掀起的金融危机中，松下电器公司也陷入了创业以来的最大困境。但是，松下幸之助先生却说："惊慌失措会迷失方向。即使不应该沉没的航船也会因此沉没。……当狂风暴雨来临的时候，最受尊重的是同舟共济。"他把企业比作狂风暴雨中的航船，告诫我们不可轻易裁员。并且，当许多日本企业对员工进行整理裁减的时候，松下电器公司当时却没有解雇一个员工。

虽说如此，但库存积压使得经营困苦不堪。松下幸之助先生为调整生产，把工厂的开工时间压缩了一半。当然，工人的上班时间也减少了一半。用当今的词语来说就是轮班上岗。尽管如此，公司却一直支付全额工资。

于是，当得知公司经营困难的时候，员工也奋发起来。利用休息时间，一般员工也和业务员一起去拜访客户、推销产品。只用了短短两个多月，库存就处理掉了，又过了几个月订单也重新回来了。由于保留了员工，松下电器公司得以迅速应对纷至沓来的订货，公司业绩也快速恢复。

不过，第二次世界大战以后松下电器公司涉嫌协助政府作战，盟军总司令部（GHQ）命令松下电器公司缩小规模时，松下幸之助先生也束手无策。听说松下幸之助先生在说明会的台上是流着眼泪向员工说明情况、请求大家的原谅。正是如此，他把员工当作宝贵财富。

痛苦的记忆

然而，不知从何时开始松下幸之助先生的理念被撇在了一边，却急急忙忙地非要先改善公司的财务状况。当营业额上升时就增加雇员，一旦营业额下跌就裁员、削减费用。这种观念已经扎根。日本企业经营领导层竟然也认同"劳务费就是变动成本"的观念。也就是说，这种经营方式把人才作为企业经营的安全阀。为此，许多公司在招收员工的同时增加了合同工和临时工的比例，即所谓的非正规雇用从业人员，一旦需要裁员，裁减正式员工比较困难，就裁减合同工和临时工。这种做法也渐渐地渗透到了家电行业，其结果是改变了一贯以来把员工当作公司宝贵财富、人才即是公司的经营理念。

我本人作为美国松下电器公司负责人的时候，也曾体验过不得不进行裁员的处境。那是我在公司的长期工作中最纠结、烦闷的时期，即使现在回想起来那也是最痛苦的记忆。裁员的目标数值是从日本总公司发过来的。但是，我认为美国和日本的情况是不一样的。实际上，在我负责美国家电产品市场营销的 4 年间，营业额每年都能增长 15%，这也证明只要根据不同的销售渠道提供合适的商品，就可以提升业绩、避免裁员。

我手下的员工许多是美国人，他们都非常优秀，特别是管理层对公司做出的贡献更大。曾经有零售连锁店的老板对我开玩笑说："你的员工身体里流淌的一定是蓝色的血液。"蓝色是松下电器公司标志的颜色。也就是说他们已经和公司合为一体，凡事处处为公司考虑，把自己作为公司的代表和顾客打交道。

这样优秀的人才已经和客户之间建立了深厚的信任关系。比起制造商的品牌，美国的零售店更重视同直接负责客户的销售人员的关系。因此，优秀的销售人员流失的话就意味着客户也一起流失。在日本，像松下电器公司、夏普公司、索尼公司等家电厂商的品牌号召力很强，如果制造商替换了销售人员，家电量贩店就不再出售松下电器公司、夏普公司、索尼公司产品的事情是根本无法想象的。但是，在美国却多数是这样的情况。因此裁员虽然可以削减劳务费，但同时也隐藏着将失去宝贵销售渠道的危险。若专业技术人员流失，技术本身或专利仍留在公司的，而销售人员的流失就直接和销售力量的削弱相关联，特别是在国外。

　　虽然我举出这些具体事例拼命地想说服总公司，可最后还是在法律事务和财务管理负责人的带领下开始裁员。结果美国松下电器公司也流失了很多当地的员工。同时，裁员正好又是在2001年9月11日恐怖袭击事件造成悲剧之后，这对我来说是一生的惨痛记忆。

　　裁员对象基本上是弱小人群以外的员工，其中包含了高年薪的管理层职员。这些管理层的优秀人才都流向了竞争对手的三星公司或LG公司，转职到惠普公司的也有好几个。说到裁员可能大家脑海里首先浮现的是日本国内，其实在海外的日本公司也进行了多次裁员。我想在这里再次强调一下，这意味着作为宝贵战斗力的人才从公司流失了！

连接人与人之间关系的销售渠道

　　说到美国的商业，我来谈谈自己的销售经验。即使在合理主义这一印象很强的美国，做买卖还是靠"人与人之间的相互关系"和"信任关系"。曾有过这样的插曲，让我再次认识到上述两点的重要性。

　　那是1993年的事了。当时我到负责美国西海岸地区营销的美国松下电器分公司任总经理，可美国松下电器总公司在上一年同一个平价量贩店的关系搞得很僵，原因是彼此的销售策略意见相左。松下电器公司在世界各地都设立当地的销售分公司，把什么产品以多少价格销售的权限都委任给各个销售分公司。因此，销售给美国零售店的价格和加拿大的不同，英国、法国、巴西以及所有地区的价格也都不一样。因为不同国家消费者的喜好和需求不同，经济景气和动向不一样，所以采取如此细致的对策从某种意义上来说是理所应当的。

然而，这个大型平价量贩店采取的是总公司统一采购的方式。理由是自己的公司是全球性连锁，销售给他们在世界上的各家商店，同样的松下产品价格都要跟美国的一样，可松下电器公司却说不行。被拒绝后对方说："这样的话，出售松下电器公司的产品就没什么意义了。"一时间，该平价量贩店全球所有的店铺都撤下了松下电器公司的产品。

当时，松下电器公司和这个平价量贩店之间所有产品的年间销售额有近 100 亿日元，这样的话就一下子变成了零。平价量贩店的总公司在西海岸的西雅图，而西海岸地区的负责人是我，理所当然我就是这个公司的担当了。虽然以不能在全球统一价格销售为由拒绝他们的是我的上司，当时的美国松下电器总公司总经理。可谈判首先不得不由我出马。

平时出面洽谈的是对方的商品担当部长或采购担当

负责人，因为考虑到这个级别是无法解决问题的，所以这次的谈判对手是平价量贩店的总经理。可是，因为对方对松下电器公司心怀芥蒂，连约谈也不给时间。这时我想起了作为这个公司的共同投资人、对总经理也有影响力的副总经理，即公司实际上的二把手。

　　过去我和这个副总经理就有过交往。那还是很久以前的事了，这个平价量贩店创业于20世纪80年代上半时期，刚开始是在仓库样的地方陈列商品出售，这种崭新的销售方式即使在美国也并不被大家所理解。谨慎的供应商就不愿供货给他们，那个时期因为没有充足的货源，经营很困难。当时，我也仅仅是个营销科长，不过我确信这个公司很有发展前途，就向这个公司推销松下的干电池，以此为契机，到20世纪90年代初期两家公司的全年交易额达到了近100亿日元。

　　联系之后，副总经理还记得我。虽说卖给他们干电池并不是什么特别的买卖，但是当时对方正在创业初期的困难之际，可能觉得我帮助了他们，副总经理非常爽快地帮我约好了和总经理面谈的时间。我立刻飞赴该平价量贩店的西雅图总公司，并请副总经理同席，当面向总经理说明了情况。

　　"松下电器公司把权限都转让给了各国当地的营销公司，很遗憾自己无法改变总公司的物流政策，虽如此，我愿意以最大的诚意在美国为贵公司服务。"我饱含热情地对总经理说了上述这些话。

经过几次谈判，结果是让我们从能够做的先做起来，也就是说对方让步了。当然，我们也要拿出约定的诚意，于是做足了许多功夫。

还有这么个例子，当时松下除了自己的品牌外，还在美国推销从摩托罗拉收购过来的 Quasar 品牌。于是，从充实商品群的角度出发，将松下的原有品牌加上 Quasar 品牌一起提供给该平价量贩店；并且不光是为其提供商品还为其生产只在其连锁店才能买到的廉价商品。作为平价量贩店当然欢迎能够招揽顾客的促销商品。我们提供的数码相机价格不变，背面的画面加大，由于产品卖点明确，人气很旺很畅销。通过持续不断地努力，渐渐恢复了相互间的信任关系。

曾几何时，在他们的店里卖出了松下 Technics Organ 品牌的电子琴，这种高级电子琴一般只在专卖店销售。当然如果是全新的，对于平价量贩店的顾客就过于昂贵了。于是就把在专卖店里作为样品展示的二手货拿来并请专门技师仔细整修廉价出售。虽然不是大量销售的商品，但是可以让顾客感受到"这样的廉价店也有便宜的高档货"，我想肯定起到了很好的宣传作用。

这之后，在我负责西海岸地区的 4 年间，美国松下电器公司和这个平价量贩店的交易额增长到了近 200 亿日元。我退休的时候据说已经超过了 300 亿日元。由于这家平价量贩店的电视机销售额在全美国数一数二，与其扩大了交易规模之后，松下电器公司也曾一时成为全美国电视机年销售额第一位的制造商。

现在，松下电器公司不但在美国，在其他国家也同这家平价量贩店恢复了交易，与其达到了双赢。或许这有点王婆卖瓜自吹自夸了，我认为其中的契机就是对我个人的信任。在该平价量贩店的总公司大堂里，展示有对公司做出重大贡献者的名字牌额。直到如今，其硬件部门贡献者里唯一的日本人就是我。

松下幸之助先生曾说过："推销商品之前先推销自己。"推销自己就是让顾客信任你。作为制造商就是为了对方全心全意地生产商品。从我自身的经验深切体会到这点在日本和美国是相同的。为他人着想，在商品制造上下功夫就有获得对方信任的机会。零售业没有商品就无法做买卖，只要制造出好的产品当然会让他们高兴。但是，我想说的是做买卖最终还得靠人与人之间的信任。现在是网络购物时代，网上销售日益扩大，消费者倾向于将目光只投向商品规格和价格。可是光看这两点就会以偏概全。

夏普公司的町田胜彦顾问和中国台湾的鸿海精密工

业公司达成了大型合作协议，他说："企业合作成功的基础是双方都有迫切的需求，都不遗余力地为同一目标努力。"他还透露说，就是相信郭台铭会长将全身心投入企业经营中的为人，所以才会最终下定决心和他协作。郭台铭会长也是怀着同样的心情做出投资1，300亿日元的决心吧。当启动金额达百亿、千亿日元规模的工程时，要在有限的时间内对工程内容做彻底的调查研究，事实上是不可能的。如此的话，那就只有依靠双方的信任关系，做出大胆的决断。松下幸之助先生也是凭直觉认为此人是人才的话，就会完全信任地把事业部门的运营交给此人，或者是用同一字号分公司经营的方式，全面托付此人管理。我认为其根本还是对人的信任。

但是，曾几何时日本企业已经不如过去重视人才了，培养人才的方针也似乎偏离了优良传统的轨道，起因估计就是裁员引起的企业文化的变化。

因泡沫经济破灭而转变的日本人

担心裁员的同时，我还十分担心充斥日本企业的傲慢气氛。换言之，这是对过去成功经验的过于自信。

日本企业曾收购洛克菲勒中心，这是其附近的时代广场。韩国 LG 公司在百老汇树立的三维液晶电视广告醒目耀眼。（2012 年 8 月，摄影：Roger Chang）

　　松下幸之助先生也曾说过："一个公司连续 10 年只是重复做同样的事情，那么这个公司将会逐渐没落。"也就是说，不管过去获得过什么样的成功，要始终保持谦虚的态度投入新的事业中去，否则就会在竞争中被淘汰。可是，日本家电业都忘掉了松下幸之助先生的警告。这里我想再分析一下，与裁员一样，同样导致当今日本家电行业偏离航向的原因——骄傲。

　　20 世纪 80 年代，日本家电业以电视机、录像机为中心席卷了以美国为首的国际市场。并且，当时日本国内正迈向泡沫经济，股价和地价一路飙升，从股票和地价升值获得的资金又被积极投入海外房地产和收购著名企业中。可以说，三菱地产公司1989年收买纽约洛克菲勒中心就是该时代的象征。

索尼公司也是在同一年收购下好莱坞的名门——哥伦比亚电影公司。松下电器公司则在1990年收购了美国音乐公司（MCA，它的电影制作部门是环球影业公司，现在是NBC环球集团的一部分）。另外，1979年美国的社会学家傅高义（英文名：Ezra Feivel Vogel）因在他的《日本第一：对美国的启示》一书中称"美国应该向日本学习"而成为畅销书。

这一连串的事情，无疑给了作为"日本式经营方式之胜利者"的日本人以极大自信。当时，企业的经营层很多人都经历了第二次世界大战前后的混乱时期，不难想象日本被一种"日本在战争中败给了美国，在经济上战胜了美国"的扬眉吐气气氛所包围。

可问题是这种成功体验却一直附着于身。日本家电业深信日本制造的产品性能好、故障少，即使价格贵点也不愁销售不出去，于是抱着这样的迷信持续着产品的开发。

事实上，在日本国内泡沫经济破裂之前，走高端路线的产品极其畅销。但是，我负责营销的美国却和泡沫经济无缘，因此非常希望有中低阶层收入的顾客也能买得起的新产品。但那个时期开发的新产品都是走的高端路线，即使向总公司的开发部门提出建议也无人理会。其背景，我认为就是抱着"制造大国日本"的自信，以为送上柜台的产品肯定会在国际上得到好评，存在这样一种"傲"气。

从名字上表现出来的"傲"

这里举一个具体例子，松下电器公司从 1990 年开始出售"画王"牌电视机。当时还是显像管电视机时代，画王的画面最大限度地接近了平面的崭新设计，因而刷新了日本国内的销售纪录，成为当时最畅销的电器商品，市场占有率超过 40%，逼近市场份额的一半。电视机的取名也非常高明，日本人谁都知道，"画王"这两个汉字即"画面之王"之意，马上就会让人联想到这是画面最清晰的电视机。

当然，松下电器公司也决定在美国出售该商品。当时的松下电器公司经营团队和有权威的零售店、产品开发人员以及生产管理人员等，经过慎重协调，决定把"画王"作为宣扬松下最先进技术水平的高档商品，以大幅高于同样尺寸规格的电视机价格大规模推向市场。总公司自负这是世界的"画王"，因此下达指示在美国销售时商品名称沿用日语发音 GAOO。可是，关于这一名称，当我向日裔第三代的美国友人同时又是公司大客户的商品负责人咨询意见时，他大声地笑着说："这个名称美国人只能发出 GO 的音，这真是连商品名称都无法正确说出的高价商品啊！"他的预言果然应验了。在美国市场，虽然"画王"的技术水平得到了很高的评价，但是并没有成为畅销品。

也正是这个时期，日本企业让海外分公司的外国员工学习日语的风气盛行。最近这几年才出现在公司内部采用英语作为通用语、以适应国际标准的日本公司。当时却正好相反，普遍认为作为在日资企业工作的员工，当然就必须学习在全球市场独霸一方的日本语言。这真是一种傲慢的想法。这样的傲慢气势在日本企业中日积月累，而日本企业中无法正确理解世界动向的员工也随之增多。

实际上，在形势已经转变的当今，这种傲慢的气势依然残留于各大家电厂商。

比如，夏普公司在自身的 AQUOS 品牌等超薄型电视机当中，将使用三重县龟山工厂生产的液晶屏幕而制造的产品称之为"龟山系列"，并推向市场销售。由于夏普公司不断宣传龟山工厂的设备是最先进的，产品也是真正的日本制造，在日本国内"龟山系列"就成了高档品、高质量的代名词，获得了消费者的广泛支持。

夏普公司的这一产品系列准备在美国销售时，夏普公司在美国当地分公司的消费者部门负责人给我打来了电话。该负责人是一名美国人，曾是我的得力助手。我担任美国松下电器公司总经理时，他是副总经理，但在松下电器公司裁员的时候，他跳槽去了夏普公司。

他在电话中问我："龟山到底是什么意思?"他知道这一新推出的优质液晶电视机的别称或许是工厂所在地地名，但不知其具体意思，便向我这个日本人求助。我只有一边苦笑一边详细地介绍说：龟山直译就是 turtle mountain 的意思，但并不是一座有很多乌龟的山，而是一座远离喧嚣都市、具有美丽自然风光的小山，在日本以生产高质量液晶电视机而闻名。因此，估计夏普公司也希望在美国凸显这一产品的背景吧。

我个人非常喜欢龟山系列电视的广告代言人吉永小百合，也非常喜欢龟山系列这个别称，因此在心中默默祈祷，希望不要重蹈画王电视在美国失败的覆辙。

最近，日本政府正全力推广"酷日本"的大规模项目，旨在向海外输出日本文化。经济产业省也给予了大力支持，希望用日本独特的文化内涵来促进经济发展，这种想法本身无可厚非。但是，同时有必要清醒地认识到文化和艺术等与家电完全是两码事。因为是"酷日本"，如果日本的家电业仍然故步自封，坚持"一枝独酷"，那么日本家电业就永远也摆脱不了傲慢气势的束缚。一直对"日本是世界最强的制造大国"深信不疑，那么就会再一次重蹈因未能跟上数码化时代变化而失败的覆辙。

　　日本家电市场规模很大，约占国际市场的 10%。正因如此，日本家电企业只要在日本国内取得成功就可获得相当可观的营业额，并能盈利。但是，以为这样就能打入国际市场获得成功，那就大错特错了。我想日本家电厂商有必要清醒地认识这一点，并在此基础上培养出能适应国际市场要求的人才，这才是日本家电业复活的捷径。

第四章　销售对顾客有用的东西

视满足顾客的需求为起点

松下幸之助先生把"销售对顾客有用的产品"作为制造产品的基本原则。这是因为，只有让顾客觉得买得物有所值，他们才会再次购买这个产品。

松下幸之助先生独立创业后生产出来的第一个主打商品是"连接插座"。日本大正时期①一般家庭的家电都很少，家里也不像现在这样墙上到处都有插座，电源一般只用于电灯照明。所以，每次要想使用其他家电时，必须把天花板上的电灯泡取下来，安上"连接插座"才行。这对现代人来说是无法想象的，可在当时却

---

①　译者注：日本大正天皇在位时期，即 1912 年 7 月 30 日至 1926 年
12 月 24 日。

非常普遍。

有一次，松下幸之助先生的两个姐姐，一个要用电灯，一个要用电气熨斗，两个人无法同时使用一个插头。于是，松下幸之助先生灵机一动"做一个双头插座不就解决问题了嘛！"于是，"双头插座"应运而生。有了它就可以一边使用电灯，一边使用其他家电，所以一炮而红。

其实，不管是"连接插座"还是"双头插座"，都不是松下幸之助先生从零开始发明的产品。松下幸之助先生对这些已经问世的商品加以改良，又将定价下调三成，使它们变得"又便宜又好用"，自然受到了顾客的欢迎。而"销售对顾客有用的产品"这句名言也由此诞生。在现代社会，这句话依然是商品开发的王道。

那么，如今的日本家电厂商做到了"销售对顾客有用的产品"吗？在此，我想详细探究一下，是什么原因使日本家电业陷入了困境？日本家电业本该采取何种对策，才不至于在数码时代和水平分工时代慢一个节拍？

何谓"商品价值"

截至 20 世纪 90 年代，日本的家电产品以其"高性能、高质量"的优势，畅销全球。Made in Japan 就是高质量的象征，另外，当时日本拥有比美国等发达国家廉价的劳动力，因此在价格上也占有优势。

　　1969 年，我第一次到美国开始研修生活。当时 1 美元兑换 360 日元，我一个月的工资是 300 美元，粗略换算的话有 10 万日元左右。这在日本相当于科长级别了。可能会有人羡慕进入公司第二年就拿到这么多工资，可这在美国只不过是年轻职员的平均月薪。房子租金要 100 美元，汽车还贷又要 100 美元，一个月的生活费就只剩下 100 美元了。当时，麦当劳的套餐是 1 美元，所以即使一日三餐全部都吃麦当劳，也只能勉强度日。换句话说，与美国相比，日本的劳动力成本何等廉价！用廉价劳动力生产出的"高性能、低价格"日本家电，当之无愧地属于"对顾客有用的产品"。而日本家电在全球的畅销，也是对这点最好的证明。

　　但是，进入 21 世纪后，随着以液晶电视为首的数码电器的普及，情况发生了很大变化。不管哪个厂商，只要筹备到半导体、液晶板等零部件，就能生产出一定质量的产品。而且，现在的生产流水线只是将细分化的零部件组装起来而已，日本企业擅长的精密细致的专业性生产技术与细致入微的质量管理，都发挥不了太大作用。以前的厂商都以拥有"规模宏大的工厂"作为武器，现在随着水平分工的普及，没有工厂的企业也能利用专业代工生产而取得成功，使工厂变得可有可无。

零部件用通用品、生产用专业代工服务。这样一来，留给厂商的工作就只剩下如何开发出提高顾客满意度的商品了。虽然企划和设计也可以外包，但自己的品牌要卖什么样的商品只能由厂商自己决定。也就是说，现代的所谓"制造产品"，已经不应该理解为"组装"，而应理解为"商品形象定位"了。

试论了解市场

开发商品最重要的就是市场调查。我常年在美国从事销售工作，为了在美国生产出"对顾客有用的产品"，我和总公司、合作企业的开发部门同心协力，下了很多功夫。

美国是一个拥有全球三分之一购买力的庞大市场。各个种族的人群混杂生活在这片辽阔的国土上，社会阶层也从富裕层到低收入层划分为好几层。通过自己的亲身体验，我深深感到：根据顾客需要，细致周全地开发性价比合适的商品是非常有必要的。

在美国，新商品的流行是从西海岸开始的，这和位于西海岸的重要电子工业基地硅谷有关。特别是洛杉矶、旧金山、西雅图等大城市里的居民对流行非常敏感，流行传到东海岸固定下来后，才流向中西部，最后是南部。根据地域不同，人们对于商品的喜好也不同。在加利福尼亚、佛罗里达、夏威夷等地，白色外壳的电视机很畅销。但在保守的中西部、南部，电视机外壳就偏向于黑色、木纹等花色和稳重的设计。在美国南部、中西部一带，日本自 20 世纪 60 年代后就销声匿迹的木纹外壳电视机直到前不久还堂堂正正地占据了柜台一席之地。

总的来说，在美国，人们把电视机当作一个家具摆在客厅。百货店的家具卖场和家具专卖店曾经是销售电视机的重要平台。在那里，人们把电视机放置在华丽的红木电视柜里，或是将它与樱木、栎木的豪华电视柜配套销售。电视柜比电视机还贵的情况不足为奇。在日本，木纹外壳电视机早已不见踪影，但是在美国直到液晶电视机问世之前都还有销售。由此可知，日本市场和国外市场是非常不同的。

在日本，住宅一般都非常狭窄，日本人也喜欢做工精巧的商品，偏爱"轻、薄、短、小"。在美国西海岸的洛杉矶、西雅图等城市也有东方住民的社区，所以那里人的喜好和日本人比较接近。但是，到了郊外或中西部、南部，因住宅面积大，情况就不一样了，居民的喜好也一下子变成了"重、厚、长、大"。日本的厂商在进行市场调查时，难免把大城市的数据作为中心进行分析，但他们必须意识到这个数据并不能代表全部的美国人。

实现液晶电视的大屏幕化在技术上还存在困难时，作为家庭影院使用的大画面系统"背投电视"已经问世了。但无论怎么改进技术，都无法把"背投电视"的厚度控制在 30 厘米以下。因此把它摆在日本人家里，就好像摆了一个书柜一样很有压迫感，所以其在日本并没有得到普及。但是把它拿到美国后，基本上所有的零售商都会夸赞一声。这是因为美国人的住宅面积大，摆在客厅的家电尺寸和书柜一样大也没有任何问题，所以一定程度上有存在感的商品反而会受到青睐。

在白色家电方面也可以看到日美之间存在着尺寸上的差异。把在日本销售的产品直接拿到美国，首先就会被指出"太小了！"如洗衣机，日本的挑选标准为"重量轻、外观美"，但美国的洗衣机会被用来洗脏兮兮的旅游鞋，所以它的材质不是塑料的，而是结实、耐用的搪瓷。再如电冰箱，日本的厂商互相竞争细节化的功能，如可以根据食品的种类设定温度、可以防止串味和干燥等。而在美国，冰箱首先必须具有大容量、放得下大量储购，然后有冷藏箱和冷冻箱就足够了。相反，美国比日本更讲究的是家电跟室内装潢的协调。凯摩

（Kenmore）是一个非常传统的美国白色家电品牌。它是西尔斯百货（Sears）以专业代工生产方式委托给惠而浦公司（Whirlpool Corporation）等大型家电制造商生产的自有品牌。西尔斯百货的优势在于将厨房、洗澡间、客厅的装潢和家电统一起来设计、销售。除了冰箱、微波炉、洗碗机及洗衣机等电器，还有烤箱、干燥机等煤气用品，甚至包括壁纸、天花板壁板、照明器具、地板材料等装修材料都统一配色。百货店里备齐了可以选作基调色的多种颜色，如鳄梨绿、大红色、乳白色、金黄色等，都是美国人喜欢的鲜亮、细腻的颜色。这是因为在美国人眼中，包括电视在内的家电都是家具的一部分，厂商若忽略了这一点，商品是无法畅销的。而在日本，家电基本上都是作为单品来销售的。因此，今后在美国市场销售白色家电时，有必要充分考虑美国人的喜好并采取相应的对策。

另外，美国人口的三分之一属于年收入低于 250 万日元的低收入层，加上雷曼事件导致的金融危机并未完全复原，今后低收入层还会有增加的可能性。这些低收入层都有自己的购物偏好，和喜欢大型家电并将家电与家具搭配的一般美国式购物倾向不同，他们对高价商品有购买欲望，却没有购买能力，所以他们青睐于大众化产品最基本的性能与便宜的价格。可以说美国低收入层的市场特征和发展中国家的很相似。而且，从全球来看，大众化产品的市场需求也正在逐渐扩张。

侧重技术的隐患

如前所述，仅是在美国，因地区、生活方式和收入的不同，就存在各种各样的市场需求。欧洲各国也有着不同的生活文化，且在具有与美国同等巨大市场潜力的中国，城市和农村、沿海和内地、不同民族和不同收入阶层，都有着不同的购物偏好。想要生产主打商品，我们首先必须详细分析各种市场，将这些购物偏好加以细分，并且以"别国与日本不一样"为前提，推进产品的制造。用松下幸之助先生的话来说，就是必须生产"对顾客有用的产品"。当然，不可能按照市场的数量来无限制地开发商品种类，我们也要认识到：针对日本开发的商品，即使在日本畅销，不加任何改进直接出口国外是肯定不会受欢迎的。

一般来说，日本在全球范围内属于高收入国家，日本人倾向于购买高档商品。即使买不起高档商品，至少也偏爱中档以上的商品。日本有句老话："图便宜买烂货，白花钱。"很多日本人认为，即使价格偏贵，也要买质量好的东西。奢侈品在日本的销量最大，我想这和日本的这种社会风气多多少少有点关系。

　　不过，事实上，以日本国内市场为中心进行商品开发，容易使商品演变成附加了各种最新性能的"技术优先型"商品。因过于偏重技术而惨遭挫败的例子中最典型的当属手机了。日本的手机载满了外国手机所不具备的独特功能——单波段电视、电子货币、视频通话等。的确，从技术角度来看，日本的手机属于最尖端产品，但是全球的市场选择了功能型手机，因为它虽只有简单的功能，但价格便宜，而且用户还可以根据自己的需要下载软件。结果，日本的手机被叫作"加拉帕戈斯化手机"，成了只能在日本使用的商品的代名词。其实，陷入技术陷阱的不仅仅是日本的制造厂商，以下是一个关于汽车的例子。美国通用汽车公司曾销售过仪表盘全部为数码显示的凯迪拉克最高级车型。仪表盘的数字一目了然，而且外观设计非常新潮，通用汽车公司满怀自信地将其推向了市场，但是用户却反映"不好看"、"不好用"，评价非常低。于是，通用汽车公司马上将仪表盘改回到普通的指针型。我也曾租过这款凯迪拉克进行驾驶，也很疑惑通用汽车公司为什么要做数码显示的仪表盘？这或许是因为，明明自己亲自驾驶一下就可以明白的简单道理，却因只考虑技术而忽略了其功能的实用性。与之相反，丰田公司的开发队伍在进行了精密的市场调查后生产出了顶级主打商品雷克萨斯。雷克萨斯是丰田公司正式进军世界高级汽车市场后推出的第一款车型。该款车型于 20 世纪 80 年代开发，当时日本车给人的印象就是"便宜、耐用的大众车"。雷克萨斯开发人员认为，应该精确地捕捉富裕阶层对高级车的偏好，因此派遣工程师及设计师到美国上流社会人的家中长期生活。这样一来，他们捕捉到了光靠纸面调查而无法了解的富裕阶层的生活感觉，之后进行了雷克萨斯的开发。我想，如果开发人员只是想当然地认为高级车有必要附加各种各样的高端性能，那么雷克萨斯绝对不会成为像今天这样的顶级畅销品吧。

在家电商品领域也可以看到类似情况。日本人偏向于买多功能的商品，即使很多功能派不上用场，也偏好"世界最小、最薄、最轻"的商品，就像是工程师技术大赛的参赛品。而日本的家电厂商往往只是以日本国内需求为中心进行开发设计，所以日本的家电商品还是以"技术优先型"居多。这不能不让人备感遗憾。在美国，人们喜欢买使用方便的全画幅数码摄像机，即使重一点也毫不介意。这也许是因为日本人大多住宅面积狭窄，移动都靠城铁，而美国人住宅面积宽敞，去哪儿都是以车代步的缘故吧。

日本的国内市场规模占全球的 10% 左右，并且家电市场都被国内厂商所垄断。三星公司、LG 公司等海外知名品牌商品虽然在全球拥有很大市场，可是在日本根本卖不出去。日本的家电厂商只要在国内赢得一定程度的市场，就可以保证一定的利润。生产商也因此产生错觉：全世界对质量要求最严格的日本消费者都认同的商品，在全球也一定会畅销。但是，日本家电以"高性能、低价格"为武器成为畅销品的时代已经一去不复返了！质量上，由于数码技术的广泛应用，各品牌的差距已经越来越小；价格上，又因为日元升值造成了生产成本的增加。日本厂商想要提高利润，不能只局限于日本，而应放眼全球，以世界各地的需求为基准，细致绵密地开发出"受顾客欢迎的产品"。我们可以回想一下夏普公司曾挑战过的 70 英寸、80 英寸超大画面液晶电视。表面上夏普公司好像是为了迎合居住面积宽敞的美国人的需求，但实际上并没有哪个美国人愿意把这么大的电视机摆在家里。另外，夏普的有机发光二极管电视机的超薄技术也曾引起了社会各界的关注，但美国人连厚 30 厘米的家庭影院都毫无抵抗地接受了，对他们来说超薄技术实际上是没有必要的。相反，应该考虑到美国人是把电视机看作家具和室内装潢的一部分的。

生产与生活息息相关的商品

在日本，说到娱乐人们就会想到看电视。但是，在美国，却有着各种各样简单又便宜的娱乐，如看体育比赛、听音乐会、在餐厅吃饭、烧烤聚餐等。而体育比赛、音乐会等不仅有专业人士举办的，还有业余爱好者、学生等形形色色的团队举办的。朋友们聚在一起开派对、玩游戏、做体育运动或者去拜访距离比较远的亲戚，这些都是美国人很盛行的娱乐方式。因此，销售到美国的电视机，与其在上面附加各种功能，不如把重点放在能融入室内装潢的外观设计及合适的性价比上。

2012 年，日本出现了一些很有趣的概念商品。比如，为了防备夏天电力不足或地震时的突然停电，一家名为"T"的公司发售了一种只用充一次电就可以使用17 个小时的电风扇。我想，如果能够生产出用电池可以连续看 4~5 个小时、在发生灾害停电时也可使用的电视机，应该大受欢迎吧。尺寸有 15~20 英寸就足够了。液晶电视机都装有背景灯，所以即使不看电视，也可以把它当作照明器具来使用。如果再加上收音机就会更加方便。东日本大地震以后，专家认为，以首都圈直下型地震为首，全国范围内都有潜伏地震的危险。而且不光在日本，自然灾害的危险存在于世界各地，加上因发电设备的故障或事故而引起的停电，海外的这种供电需求反而更多，因此可以预计这种商品在全球拥有潜在市场。生产厂商不应只偏重生产最尖端的技术型产品，也应该重视那些源于生活、用于生活的基础产品的制造。

1927 年松下推出的"松下手电筒"，是一个让松下电器公司的业务又上了一个新台阶的划时代商品。在我的童年时代，它广受人们喜爱，成了全国家庭的必需品。"松下"也因它成了"手电筒"的代名词。提一点题外话，我在参加松下电器公司的面试时，也提到了"松下手电筒"，引起了面试官的共鸣而很幸运地被录用了。也就是说，我投身于松下电器公司的职场生涯，其实是以"松下手电筒"为起点的。

如此大受欢迎的商品，其广告词是："买得便宜，用得安心。"当时大街上还没有配备路灯，夜间外出的照明是必不可少的。也就是说，广告词对松下手电筒可以让人们夜间安心外出这一点做了充分的宣传。而且，手电筒用的是电池，可以很方便地长时间照明，比用灯笼或蜡烛便宜，也不用担心火灾。这句广告词同时也对松下手电筒可以省钱这一点做了充分的宣传。可以说，在当时，"松下手电筒"是对顾客有用、受顾客欢迎、带有浓厚松下幸之助先生色彩的商品。日本的家电厂商应该再次回到"销售对顾客有用的产品"这一原点上，应该不止我一个人这样认为吧。

"品牌商品"、"主打商品"、"促销商品"

为何日本家电厂商生产的商品多以技术优先见长？其理由还有一个，就是商品类型组合上出了错。我在美国做销售时，经常使用"品牌商品"、"主打商品"、"促销商品"这三个词语。对于一个品牌来说，这三类商品的平衡至关重要。

首先，"品牌商品"指的是厂商用来宣传自己拥有高端技术、走在技术最前端的商品。以现阶段而言，3D电视、尺寸接近100英寸的超大画面液晶电视、有机发光二极管电视、解像度达到高清电视4倍的4K、2K电视等都可以划入此类商品。在白色家电中，LG公司开发的和互联网连接的电冰箱毫无疑问也属于此类商品。若冰箱内的食品减少了，它会自动向超市的宅急送发出订货信息。

其次，"主打商品"是指卖得数量很多，能够充分盈利的商品。以电视机为例，当属40~50英寸档次的大众化产品。三星公司、LG公司等厂商因为重点生产这类商品所以才得以日益强大。相反地，日本厂商都将"品牌商品"作为了主战场。不错，从维护品牌的知名度来说，富裕层的市场今后也是绝对不可忽视的。但"品牌商品"类的高档商品虽然利润丰厚，却无法保证销售数量。并且不能忘记的是，利用知名度来获取盈利的正是"主打商品"。

最后，"促销商品"指的是在平价量贩店的促销活动中，为了吸引顾客，完全不计较利润的商品。比如，30英寸的液晶电视机可以划入此类商品。商品本身不能带来太多的利润，但对大型平价量贩店来说，"促销商品"的存在是非常有必要的。鉴于大型平价量贩店在全球家电物流中的重要性越来越明显，家电厂商也绝不能忽视"促销商品"。

像电视机这样均质化的商品，生产厂商想要提高利润，必须考虑这三类商品的平衡，掌握好品牌之舵。现在盈利的企业对这三类商品的平衡都控制得非常出色。其平衡模式可以概括为：用"品牌商品"引起人们注意，用低价的"促销商品"在平价量贩店的销售平台扎下根，从而大量销售"主打商品"。

地区化与全球化

若要言及在市场营销中大获成功的企业，我首先会想到韩国的三星公司。三星公司致力于开发适合当地市场需求的商品，除韩国外，其在日本、欧洲、亚洲各地也设置了研究开发中心。另外，我们不能忽视：在市场销售成功的背后，还有三星公司为培养人才而做出的努力。

从 1990 年开始，三星公司导入"地域专家"制度。这个制度以彻底贯彻市场调查、紧扣地域为方针，往亚洲、欧洲、俄罗斯等世界各地派遣人才，让他们完全掌握当地的语言、生活习惯、文化和经济，成为当地的"地域专家"。他们在一年内完全不需要做任何具体的工作，但无论如何都要把自己当作当地人，按自己定的计划行事。当然，在这期间，三星公司会支付全额工资。

距今，三星公司已经培养了数千名"地域专家"。当自己所处国家和地区有新商品发售时，"地域专家"会用当地语言进行市场调查。他们还会支援销售人员开发销售渠道。而且，三星公司从 1999 年开始对全公司彻底实施英语教育，其招聘新员工的条件为托业考试必须达到 900 分，对英语的要求相当高。日本的乐天公司将英语定为公司的公共用语，引起了社会关注，乐天公司部长级的英语标准为托业考试 750 分，而索尼公司晋升管理职位的条件是托业考试达到 650 分。和他们相比，不难理解三星公司致力于打造国际化公司的决心之坚定！我这几年也有几次机会和三星公司的员工接触，非常佩服他们流利的英语和演讲能力。他们对异国文化非常有兴趣，也非常理解异国文化，每个人都非常优秀。不光是三星公司的员工，中国台湾或是中国大陆的公司员工也非常优秀。我不得不遗憾地说，只有日本人落后了。

其实早在 35 年前，即从 1964 年起，松下电器公司就开始了培养海外人才的研修制度。松下幸之助先生在视察美国市场后，认为想要正式打入海外市场，必须要培养懂得当地文化的人才，所以下令当时的副社长高桥荒太郎建立了此制度。正如那句"日本的事情问松下，海外的事情问高桥"所言，高桥先生热忱地投入海外事业中，发挥了带头人的作用。我本人也受惠于此制度，于 1969 年渡美，接受了 2 年的研修。我也经常受到高桥先生的直接教导——"成为日本人脸庞的美国人！"除了美国，松下电器公司也向欧洲、东南亚派遣了研修生。在培养国际化人才方面，松下电器公司应该算是三星公司的先驱了吧。毫无疑问，这个海外研修制度培养了众多的人才，奠定了松下电器公司成为全球性企业的基础。不过，这个制度已经持续了 50 年之久，我也隐约察觉到它种种不合时宜的端倪。最初感觉到这个变化应该是在制度持续了 20 年之后的 80 年代。刚开始时，制度规定研修生必须在当地的代理销售点做满 2 年学徒。后来公司考虑，到美国是一个不可多得的良机，加上派遣员工中优秀人才的增多，所以制度就变成了先到哈佛大学等名校留学一年，然后再去代理销售点研修一年。这样一来，派遣员工很容易有高人一等的意识。在研修中，负责指导的当地前辈职员，也知道日本的研修生在不久的将来会成为自己的上司，所以不会严格训斥他们。而我们当年做研修生时，直截了当地说，指导是非常严格的。到灰尘飞舞的仓库扛沉重的货物，穿着工作服到零售店协助销售。只要稍一发呆，就会招来美国老店员的训斥——将英语掺杂一点日语的"笨蛋"！

在这里，我也不想简单地说"以前的制度更好"。但是，松下幸之助先生是深深懂得"被认真训斥"的意义的。松下幸之助先生曾说："'不愠不火，不训斥也不被训斥'的人际关系，在不经意之间，会使人看问题的想法变得松懈，而弱点、缺陷就会由此而生。"

从这个意义上说，我的研修生活让我学到了当地人活生生的感情和想法，而这些在我作为销售人员参与商品研发时都发挥了作用。透彻了解当地的需求，制造"对顾客有用的商品"，首先要培养理解顾客想法的人才。很遗憾，松下电器公司并未始终如一地贯彻松下幸之助先生的上述理念，而现在三星公司的实践正体现了松下幸之助先生的经营哲学。

第五章　商品流通方式的变化

跨国平价量贩店是时代趋势

松下幸之助先生曾说过这样一句话："世间万物是在不断流动、变化着的。"

在和家电业息息相关的各行各业中，物流业也经历了很大的变化。松下幸之助先生认为，周围的环境在不断变化着，每个人都要顺应这种变化。鉴于物流业在产业链中最接近消费者，因此本章将探讨家电业应如何应对物流业的变化。

如果只把目光局限于日本国内，就会很难注意到全球性家电物流业的变化。现在，日本销售位居前列的家电量贩店有山田电机、必酷（Big Camera）、EDI-ON、友都八喜、K's Denki 等。但是，放眼全球，家电物流业的主角已完全转变为"大型平价量贩店"，如美国的沃尔玛和好市多、法国的家乐福、英国的特意购、德国的麦德龙等。

说到这里，也许有人会问："日本的山田电机、必酷、友都八喜，应该也算是平价量贩店吧?"不可否认，这些家电量贩店都在以"日本最低价"为招牌吸引顾客，价格战一波接着一波。但是，这些家电量贩店都配置了懂专业知识的店员，会为顾客做详细的商品说明。如果顾客需要，还可以提供送货上门、组装、布线等服务。所以，它们只能被划分为"家电量贩店"，而不能称之为"平价量贩店"。

那么，该如何定义真正意义上的"平价量贩店"呢? 基本上可以把它当作一个大型超市来看。除了食品、日用商品、服装、家具外，还出售家电商品。既有知名厂商的商品，也有通过专业电子代工大量生产的自有品牌商品。美国的沃尔玛光是在美国的家电销售额，一年就可达 2 万亿日元。沃尔玛店内没有配置店员，即使配置了，店员也不会为顾客做详细的商品说明。顾客自己把家电商品的箱子装到购物推车后，在收银台排队付款。然后，用车把商品载回家。相信有很多人已经在海外新闻的"圣诞节商战"中看到过类似情景吧。

在美国，百思买作为唯一一家家电专卖店跻身于销售量排行榜前列。但实际上，其主打商品是自有品牌商品。从这点上来看，可以把百思买归类为"平价量贩店"。

大型平价量贩店的商品从食品、玩具、服饰、药品到木工工具等应有尽有，因而吸引了大量客流。前来消费的顾客会觉得"家电好便宜，顺便买了吧"，然后不假思索地将其放入购物推车。这是平价量贩店里最常见的购物情景。

平价量贩店摇身变为家电零售业的主角，其最大的理由是商品的"均质化"。商品一旦被"均质化"，品牌号召力减弱，价格就成了决定胜负的关键。特别是国外，多数顾客会很理性地认为品牌并不重要，既然性能一样，当然选择价格便宜的。平价量贩店没有配置店员来热情地接待顾客，因此它的销售提成普遍偏低。这点对于靠薄利多销来保证盈利的厂家来说，是极具魅力的。

当然，可以廉价购物的平价量贩店对于顾客来说也同样颇具魅力。美国低收入层占总人口的三分之一，价格就成了他们首先要考虑的因素。另外，与日本大不相同的是美国的消费文化倾向于不给孩子买昂贵的东西。他们认为即使父母有足够的经济能力，放在孩子房间的电视机也不需要是松下或索尼的，中国品牌的电视就足够了。

　　随着在平价量贩店购买家电变得越来越普遍，曾一度担任美国家电零售主角的"街道家电专卖店"数量也大幅减少。当然，也有一些顾客希望得到从组装、布线到微调的"一条龙"服务，也很在意完善的售后维修服务。所以即使价格稍贵，他们也会选择在家电专卖店购买。这类顾客一般以老人或安装家庭影院的有钱人居多。但是，随着平价量贩店家电销售额的增长，出现了专门承包组装、维修等售后服务的公司。自己不会组装的顾客，可以花钱将其交给这类公司来做。

　　在日本同样也出现了"街道家电专卖店"数量大幅减少的现象，而日本的家电量贩店竭尽全力地增加大型店铺的数量，从而满足消费者的大量需求。而美国的家电量贩店，由于没有充分扩展规模，在商品种类方面缺乏优势，所以家电零售主角被商品种类齐全的平价量贩店所占据。

　　平价量贩店在家电物流业中比重增加的趋势，不仅在欧美，在中国也非常明显。沃尔玛、家乐福、特意购、麦德龙等颇具代表性的平价量贩店先后进军中国市场，它们在中国的销售额也正直线上升。

价格下降速度之快让人目瞪口呆

以上这些事实说明：家电业也加入了以大量生产、大量销售为前提的水平分工行列。厂商负责产品开发，零部件企业负责生产零部件，专业电子代工负责组装……在这个分工链的最底层，就是负责销售的平价量贩店。现在，全球家电业的赢家多已转型为水平分工。只有正确理解并顺应这一趋势变化，才能得以继续在世界市场上生存。

的确，沃尔玛、家乐福等外资平价量贩店为打入日本市场曾煞费苦心。但这仅仅是因为日本物流业太过封闭的缘故。换句话说，日本连物流业也已被"加拉帕戈斯化"了。日本的家电厂商如果只满足于在日本国内销售，那么通过强有力的家电量贩店的销售渠道就能保证足够的销售量，但如果想在全球市场上重振威风，如何向平价量贩店兜售商品、如何把平价量贩店变成自己的战略伙伴，将成为决定胜负的关键。

因此，前面章节中也提到过，在"品牌商品"、"主打商品"、"促销商品"的商品分类中，我们尤其应重视和平价量贩店关系密切的"主打商品"、"促销商品"。到目前为止，日本的家电厂商都将重点放在了

"品牌商品"上，而忽略了"主打商品"、"促销商品"的存在意义。我认为，今后应把更多的人力、物力投入"主打商品"、"促销商品"的商品开发上。

平价量贩店的"主打商品"都是不需要详细说明、简单易用的商品，顾客可以凭直觉判断"这就是我想买的"！所以，平价量贩店的商品首先必须具备简单明了的卖点。以数码相机为例，如果和其他产品价位相同，那么可以将较大的液晶屏作为自己的卖点。其次就是必须具备合理的价格。通常，商品在刚进入市场时价格最高，待新款上市之后，价格会慢慢下降。即使降价也无人问津的话，就会作为促销商品在平价量贩店甩卖抛售。商品的定价是通过分析商品从进入市场到被市场淘汰的生命周期推移，计算出能实现目标利润的价格。

这几年，商品价格下降的速度通常会超乎想象。在美国，要说销售旺季，当属圣诞节前期，即每年 10 月到 12 月的三个月期间。以家电为首的所有商品在这三个月中的销售额，将会占据年销售额的一半。而白热化的"圣诞商战"规模则是日本"年末商战"的数倍之大。这场商战的序幕将在感恩节（11 月第四个星期四）后开业的第一天，即星期五拉开帷幕。所有商家都会顾客盈门，有大额进账，所以人们把这个星期五叫作"黑色星期五"[1]。

　　沃尔玛等大型平价量贩店会将约 5 种家电列入圣诞促销商品清单中。由于促销商品的目的是为了刺激顾客的"连带消费",所以价位的设定是不考虑盈利的。但在如此规模的"圣诞商战"中,受促销商品低价位的影响,所有商品价格都会大幅度下降,而且这个下降速度正变得越来越快。

　　实际上,我曾亲身体验过价格下降的速度之快。那是几年前的事了。一家香港公司邀请我一起创业,计划创建一个利用专业电子代工进行生产的电视机品牌。当时我已从松下电器公司退休,想到又可以和老同事们重新并肩作战就应承了下来,并从年初开始着手工作。

　　当时,我们计划将 42 英寸的高清电视作为第二年的新款机型投入市场。同类产品的市场售价为2,000美元,我们预计"圣诞商战"时此价格会下调一半,降到1,200美元左右。因此,便在此基础上再下调15%,将价格定为 999 美元。以自己多年从事家电营销的经验来判断,这样的定价是绝对合理的。售价虽仅为 999 美元,但只要把销售平台集中到佣金便宜的仓储型量贩店并实现 500 亿日元的销售额,就可以实现足够的盈利。

---

　　① 译者注:黑色表示盈利。

但是，这一年的价格下降速度超乎了我们的想象。"圣诞商战"还没拉开帷幕，各厂家为清理库存，就已把价格下调至1,200美元。价格在"圣诞商战"中继续直线下滑。最后，一些网购公司竟以底线价格999美元售出知名品牌的商品。在美国，即使是无名品牌，只要价格便宜也是有市场的，但和知名品牌价位相同的话，就毫无竞争力可言了。所以，趁还没有让合作公司陷入亏损困境之时，我决定抽身退出了。结果，那一年，所有的家电厂商在平板电视机的销售中都未获得任何利益。

通过我自身的体验也验证了：一个在大型平价量贩店大量销售的商品，想要获得利润是一件困难至极的事情。但是，大量生产、大量销售是全球趋势，所以不能忽视可以满足大量销售需要的平价量贩店这一销售平台。如何开发量贩店"主打商品"，如何做到与厂商、顾客、量贩店的"共存共荣"，对于全球的家电厂商来说，将会是越发重要的课题。

苹果专卖店的成功

与平价量贩店形成鲜明对比的，是直营店（Direct Store）的热销。他们从不靠打折来增加销售量，其代表就是苹果公司的苹果专卖店（Apple Store）。在日本也有苹果专卖店，相信大家并不陌生。如今，苹果专卖店在全美家电销售量排行榜上仅次于百思买，位居第二。作为苹果公司的直营店，苹果专卖店当然只出售苹果公司的产品及关联产品。仅凭一个品牌的产品就能让销售量跃居全美第二，不能不让人惊叹！而且，苹果专卖店的成功，标志着家电物流业第二轮变化的开始。

据《华尔街日报》报道，造访全球 300 多家苹果专卖店的顾客数量，一个季度就逾 6,000 万人。该数字超过了美国迪斯尼四大主题公园的总游客人数。苹果专卖店每平方米的年销售额高达 47,408 美元。就这一数字而言，它远远高于珠宝销售商蒂芙尼（Tiffany）和奢侈品零售商蔻驰（Coach），也是家电零售业龙头百思买的 5 倍。

直营店从不打折，却引爆了如此旺的人气。从表面上看，直营店的营销模式，是和以低价格和强有力的物流为竞争武器的平价量贩店背道而驰的。其实，两者之间存在着非常密切的关系——平价量贩店没有店员为顾客排疑解惑，而需要这些服务的顾客自然就涌入了直营店。

例如，使用数码相机或电视机不需要特殊方法，大多数顾客也都满足于照相、收看节目等基本功能。因此，在没有配置店员的量贩店购买这类家电也很自然。

但如果商品换成了 iPhone 或 iPad，情况就会大不相同。我认为与其称 iPhone 或 iPad 为家电商品，不如称之为数码商品。顾客想要自如地下载软件、使用周边设备，必然会产生技术上的疑问与不安。苹果专卖店正是站在顾客立场上为顾客解决问题而赢得顾客、增加销售量的。

苹果专卖店正因为只销售一个品牌的产品，所以纵向发展了强大的商品阵容，其规模是以"主打商品"、"促销商品"为主力的平价量贩店所无法企及的。机身就不必多说，光是配件的数量就达到上百种，而且所有产品都是苹果公司的正品。苹果专卖店值得顾客信赖，而且在苹果专卖店购买这个行为本身就具有"时尚色彩"，所以其产品即使价格偏高也广受消费者青睐。由于其营销理念和高级服装精品店如出一辙，苹果专卖店在美国被称为"电子商品精品店"（Electronics Boutique）。

苹果专卖店走出价格竞争的桎梏，开辟了一个全新的营销模式。而这个模式的诞生契机却是因为苹果公司曾一度陷入低谷。1996 年曾一度被解任的乔布斯重返苹果公司，当时公司正处于困境之中，苹果公司的品牌软弱无力。在大型零售商的货架上，已找不到苹果计算机的踪影，而零售商也拒绝摆放苹果公司的产品。乔布斯意识到，如果消费者看不到新开发的产品，那它们将失去存在的意义。因此，为了强化苹果公司的零售战略，乔布斯设立了公司自己的零售部门。这就是现在我们所熟悉的苹果专卖店。然后，乔布斯从盖普（Gap）、塔吉特（Target）等巨头零售商挖来高管，为苹果的零售战略献计献策。其结果我们可以看到，苹果专卖店的商品并不是常规地按照商品种类来陈列，它的陈列方式独树一帜，非常重视商品的使用方法，而且店内还设置了天才吧（Genius Bar），以一对一的方式为顾客提供技术咨询和售后服务。苹果公司灌输给员工的营销理念是，我们不是在推销产品，而是在帮助顾客解决问题。在服务方面，也明确了自己的"服务步骤"，共分为五个部分：1. 用个性化的问候语问候顾客；2. 有礼貌地了解顾客所需；3. 向顾客提供当天即可兑现的解决方案；4. 倾听并解决顾客的任何问题和顾虑；5. 与顾客辞别并邀请下次光临。内容非常有人情味。管理者挑选出真正对公司及公司的产品、使命、整体风格有激情的人加入。新员工接受培训上岗后，会按照员工培训手册中严格细致的规定接待顾客。我也开始慢慢明白了"苹果迷"们执著于在苹果专卖店购买的意义。松下幸之助先生曾说："要把顾客变成亲人。"其意思是要让顾客的家庭成员都成为松下电器公司的忠实用户。而乔布斯却试图把顾客打造成"苹果教徒",让顾客像传教士一样,向自己的家庭成员、朋友、熟人传播苹果公司产品的魅力。

与其售前奉承,不如售后服务

看到苹果公司的员工培训手册,首先跃入我脑海的就是松下幸之助先生曾说过的这句话——"与其售前奉承,不如售后服务。这才是打造永久客户的不二法则。"这和苹果公司所提倡的"我们不是在推销产品,而是在帮助顾客解决问题"的营销理念何等相似!

时间追溯到 50 年前,松下幸之助先生本着"共存共荣"的基本方针,在全国创建了松下直营店的销售网络。这就是后来为人们所熟悉和喜爱的遍布大街小巷的小型松下专卖店。在最鼎盛时期,全国约有25,000家松下专卖店。在日本,无论在哪个车站下车,都可以看到几个松下专卖店的招牌。如此强有力的营销网络在全世界也实属罕见。我曾在松下专卖店做了整整四年的店面销售工作。在日本国内的职场生涯中,这四年积累的经验是我最为宝贵的财富。

当时,松下专卖店的商品以白色家电为主,数码电器还未问世,所以店员不需要应对复杂的技术问题,而是非常重视与顾客的互动。对顾客的日常生活进行细致、周全的市场调查，帮助顾客过上更富裕的生活。

松下专卖店的顾客资料，记录着一个家族的家庭成员年龄、生日等。当然，能这么办是因为当时对个人隐私的管理不像现在这么严格。家里孩子上小学了，会收到电动削笔刀的广告。等孩子升到中学了，又会收到自行车的广告。电冰箱、洗衣机等家电购买履历也都记录在案。当顾客考虑更新换代时，松下专卖店就会不失时机、恰到好处地邮送出一个促销广告——"新款上市，您是否考虑更新换代？"松下专卖店商品种类丰富，从吸尘器、电饭煲、电视机、立体音响、电动剃须刀、吹风机到干电池、照明器具、自行车，凡是顾客需要的东西应有尽有。

松下专卖店在价格方面不如平价量贩店有优势，但是，专卖店以全面周到的售后服务为宗旨。只需一个电话，就能上门为顾客提供热忱的服务。送货、安装、处理旧商品、说明使用方法、修理故障、交换零部件、移动大型商品等自不待言，服务内容甚至包括和家电毫无关系的柜子、沙发的重新摆放等。如果客人需要，还会帮助顾客更换电池和电灯泡。这些都将松下幸之助先生的"买得高兴，用得放心"、"与其售前奉承，不如售后服务"的营销理念实实在在地付之于了实践。并且，松下幸之助先生为了进一步提高服务质量，创建了"松下学园"，用来培养专卖店店主和店员。听说有时也可以听到这样让人有些意外的感谢之辞——"在松下学园学习期间，找到了另一半，因此使得家业得以延续"。经过这样点点滴滴的努力，松下电器公司的销售网络变得日益强大。而这些也验证了一个道理：价格并非决定成败的唯一因素。

松下幸之助先生本着"共存共荣"的基本方针还做出了"不二价销售"承诺。松下幸之助先生认为，如果一部分零售商极端降价，会迫使其他零售商以降价来对抗。降价会造成利润的减少，又会迫使服务质量下降。这样一来，无人受益。零售商不应靠不正当手段来牟取暴利，而要靠合理的价格配以完善的售后服务来盈利。这才是顾客、零售商、生产商"共存共荣"的出路。

松下专卖店基于这个理念，从来没有大幅度降过价。顾客也因为重视松下专卖店的完善售后服务而成为其忠实消费者。这点和"苹果迷"们不屑于在平价量贩店买打折商品而专程到苹果专卖店买原价商品何等相似！

松下专卖店在其鼎盛时期，堪称日本最强的家电销售网络。但进入80年代后，技术进步带来了家电的均质化和家电故障的减少，从而使"换新的比修理更便宜"的想法变得普遍，也使更多的顾客比起售后服务更加重视价格。因此以低价格为竞争武器的家电量贩店日渐强大，而松下专卖店则逐渐走入颓势。现在全国有5，000家松下专卖店，和鼎盛时期相比，减少到了1/5。可是，苹果专卖店的火爆又让我重新意识到，直营店作为一个能忠实反映厂商营销理念的存在形式，是何等重要！

实际上，继排行全球销量第二的苹果专卖店之后，戴尔公司的直营店销量也位居排行榜第八位。戴尔公司的主力军是网络商店，但它也有实体店，可供顾客确认商品和接受面对面的服务。戴尔公司的网络商店和实体店相辅相成，有效地增加了销售额。另外，日本的索尼公司也开设了"索尼专卖店"（Sony Style Store），试图和顾客进行更直接的沟通。

我认为，可以把松下专卖店看作"传统型实体直营店"，让其作为连接厂商和顾客的媒介，继续向顾客提供细致入微的服务。现在，除了必须利用平价量贩店的销售平台来顺应大量销售的需求以外，我们是不是也应该将目光投向直营店，重新认识它们在树立品牌形象时的作用呢？

信赖与诚意没有国界

其实，不管是平价量贩店还是直营店，如何与零售商打交道，对生产商来说至关重要。

在本书的序章中介绍了这样一则小故事：1934 年室户台风时，松下幸之助先生曾向灾区的批发商、零售店捐款相助。这种如大家庭般的关怀，给商业活动带来了非常积极的影响。

例如，1959 年伊势湾台风直袭名古屋，使其遭受了巨大的灾害。很多电器商店的商品也因遭水淹而无法销售。这时，其他电器厂商都忙于帮助商店清理店面，置换商品。可松下电器公司做的头一件事就是接连几天向灾区运送米、味噌、水等生活必需品。比起生意，灾区人民的生命和生活更为重要！松下幸之助先生的这种想法感动了零售商，从这以后，在名古屋地区就出现了一个强有力的松下销售网络。当时，名古屋是家电业的激战区，关东、关西的各大电器品牌之战硝烟四起。最后，帮助松下幸之助先生赢得这场战争的，不是价格策略，也不是出奇制胜的新产品，而是他重视大家庭般温情的经营哲学。

这一经营哲学至今也被传承着。2011 年东日本大地震时，从松下总公司送到灾区的救援物资除了水和食物外，还有手电筒和收音机等。而且，我还听说，震灾的第二天，其他零售店都还关着门，唯有松下专卖店敞开店面，让人们免费使用店里的洗衣机，并提供矿泉水和方便面。

也许有人会认为，只有日本讲究礼尚往来。但是从我个人的经验来看，绝对不是。其实美国人也讲"人情"。不过，这个"人情"的前提是从心底为对方着想的"诚意"。

那是 20 世纪 70 年代我在美国负责干电池销售时的事。当时，我试图向西夫韦（Safeway）总公司推销松下电池。西夫韦公司是美国的零售业巨头，当时在美国排名前五位，如今已跃居第二位。因当时松下电器公司名气还很小，我几次登门拜访对方也不予理会。但其实最大的原因是对方对干电池的质量不放心。干电池属"生鲜品"，保存时间过长，其性能就会慢慢劣化。对方一听说干电池是在遥远的日本生产，需要用船运到美国，便马上开始担心电池的劣化。再加上日本产品当时整体的印象就是价格便宜，质量不佳，所以不管我怎样提示数据，或是请技术人员一同前往做说明，还是看不到一点交涉成功的希望。当然，我也理解对方的苦衷：总不能把从海外买来的没有质量保证的商品卖给自己的顾客吧？

于是，我干脆提议：希望你们来日本视察我们的工厂，看看我们是在怎样的现代化环境中管理质量、生产出高质量的产品。"既然你把话都说到这份上了……"西夫韦公司负责产品采购的部长和负责人经不起我的苦口婆心，决定到大阪进行实地考察。那次的接待，我下足了功夫。既然宣扬松下工厂是现代最先进的工厂，当然不能让他们看到大阪那些颇具特色的杂沓老街道。而且，总公司所在地——门真市的周边属于大阪郊外的小城镇，还留有很多像是战前或战后不久建的简陋房屋。于是，坐车从伊丹机场出发后，我让司机特地绕道到曾召开过世博会的千里地区，在不得不走老街道时，为了不让他们将注意力转移到车窗外，我就尽量跟他们说话，介绍日本的历史和文化。

到了总公司，在视察中央研究所、电池工厂时，突然下起了雨，而且是即使打着伞，也会被淋得透湿的倾盆大雨。我一边拼命为客人撑伞，一边做说明，全然不顾自己已被淋得透湿。视察结束，进入商谈后，对方开口第一句话就是："谢谢你为了这次视察而做出的努力。"接下来又说："如果是电视机，打开开关就可以检查画质。但你们做的是电池，我们无法看到电池里面的东西，只能判断你们是否有诚意。今天，你陪同了一整天。从你的态度中我们似乎也看到了松下电器公司的诚意。所以我们决定购买松下电器公司的电池。"听到此话，我感激不尽。松下幸之助先生曾说："推销靠的是诚意。"若顾客感受到了"诚意"，他会在同一家干洗店干洗，在同一家理发店理发，在同一家眼镜店买眼镜。也就是说，顾客买的是"诚意"。我通过自己的行动让对方，而且是美国人，感受到了松下幸之助先生所说的"诚意"，感到万分喜悦。我想，"诚意"应该是世界共通的。

　　我还想再介绍一个客户公司的高管来日本视察时的小故事。那是在 1998 年，当时美国家电零售企业的龙头老大是美国电路城公司（Circuit City）。他和松下电器公司只有立体声收音机的交易往来。我想把交易范围扩展到电视机和白色家电，因此，想让电路城公司高管来日本视察松下电器公司的最新工厂，希望他们能了解公司的技术力量。事情就发生在电路城公司主管商品的副总经理来日本视察期间。

　　电路城公司考虑到这是一次了解日本家电厂商的大

好良机，因此召集东芝、索尼等多个厂商，在饭店举行了产品说明会。但是，由于所有的说明都需通过翻译传达，说明会进行得非常缓慢，会场的在座人员也都开始变得不耐烦，该副总经理也是一脸的不高兴。第一天的说明会好不容易结束后，电路城公司提出了要求——希望把第二天的幻灯片资料做得更简洁些。但资料是用日语写的，这可难倒了负责产品说明会的美国人。这虽然不全是我的工作，但我无法袖手旁观让自己的友人为难，于是主动给予帮助。他问道："真的不要紧吗？里面还有其他公司的资料。"我答道："不要紧！"然后从早上5点开始帮忙重做资料。事后，不光是这位友人，该副总经理也对我表示了感谢，电路城公司的视察工作也进行得非常顺利。从这天开始，电路城公司就对我全面敞开了心扉，松下电器公司和电路城公司的交易额也由30亿日元增加到了300亿日元。五年后，电路城公司成为松下电器公司最大的客户，交易的品种也由立体声收音机扩展到电视机、录像机、白色家电。很遗憾，因美国零售业的竞争非常激烈，现在这个公司已不复存在了。当时的总经理也已退休，现在是我最要好的朋友。我们会时不时相约打高尔夫、聚餐，一起度过愉快的时光。

在美国生活的近 40 年中，我们夫妇每年都会邀请大小客户、公司职员到美国各地的度假胜地，开展各种介绍新产品的活动。已故的松下正治董事长夫妇也曾亲临活动，加深了和客户之间的交流。

我相信，在厂商和物流的交往中，最后还是诚意和信赖起到了关键作用。这一点不管时代如何变迁也不会改变。看清全球性物流变化的趋势并努力去顺应，同时坚守不能改变的原则——这是日本家电厂商必须牢记在心的。

第六章　泛在商品的冲击

称霸时代的苹果公司

松下幸之助先生曾说过："有时不妨试着从束缚自己的常识和知识中解放出来，珍惜那些单纯的灵感。"松下幸之助先生坚持切合实际的观点，提倡"销售对顾客有用的产品"，同时也提醒我们不要为常识所束缚。换言之，松下幸之助先生很早就意识到了基于"灵感"、"自由的想象"而创造出的新商品、新商机的价值。日本经历高度经济成长期、泡沫经济期成为"制造大国"，在这个过程中形成了这样一种认识：电视机的画质越好、数码相机的像素越高、录像机的录像时间越长，才会越畅销。这种观念一直以来都成为束缚日本家电厂商的枷锁。

但是，有的家电厂商站在和常识无缘的立场上，提出新鲜、奇特的创意，并连续生产了自 2000 年以来的一系列热销商品。它，就是苹果公司。苹果公司的产品，不管是 iPhone 还是 iPod，零部件几乎全是泛在产品，生产也是利用中国的专业电子代工服务，并未使用划时代的新技术。也就是说，日本的家电厂商是完全有可能开发出同类产品的。只不过，苹果公司的产品中，蕴含着日本家电厂商所不可能拥有的"从常识和知识中解放出来的单纯灵感"，而正是这个"单纯灵感"，让全世界的人为之着迷，使苹果公司的产品在全世界热销。

日本的家电厂商为何无法取得和苹果公司一样的成功？在本章中，我将探讨其原因所在。

何谓"泛在网络时代"

我在前面章节中已阐述过，为了在数码化的家电业中生存，首先应认真分析市场，制造出让客户满意的产品。全球家电市场的畅销品仍旧以低价格的大众商品为主，日本家电厂商不应拘泥于国内生产，而应积极推广中国专业电子代工服务的灵活运用，与平价量贩店合作，大量生产、大量销售。想必各位读者也已了解到水平分工的重要性。这些都是关于营销模式的说明。

但是，除了前面所述，现在又有一股强有力的潮流像陨石一般给家电业带来了巨大的冲击。它，就是互联网。特别是当超快网速的宽带普及后，和仅具备一种功能的传统家电不同，将所有家电相互联结使用将成为时代趋势。

在互联网诞生以前，电视机用来看电视节目、数码相机用来拍照、吸尘器用来打扫、游戏机用来玩游戏等，所有家电仅具备单一功能。虽然也会把游戏机、影碟机接到电视机上一起使用，但从播放影像这一功能来看，它们也是独立于电视机的，并非实现了家电产品之间的互联互通。

而如今，各种家电和数码电器可以通过互联网连接到一起，实现了人在任何时间、地点，都可以享受获取信息、观赏视频、欣赏音乐、加强交流的服务。走在这个潮流最前端的就是苹果公司利用泛在技术生产的系列商品，如 iPod、iPhone、iPad 等。

"泛在"相对应的英文为 Ubiquitous，原本为拉丁语中的宗教用语，意思是"神随时随地无处不在"，一般将其译为"泛在"。如第一章中所述，在 IT 业界，U-biquitous 被释为"随时随地"。因此，Ubiquitous Com-puting（泛在电脑技术）是指人们可以不受时间和地点的限制，利用计算机和互联网的技术与环境。苹果公司的泛在技术系列商品和服务，正是充分利用了宽带在任何地方都可以全面互联的这一特性。

　　例如，数位音乐播放器 iPod 之所以畅销，毋庸置疑，是因为它使用方便、外观时尚。但苹果公司将 iPod 和线上音乐商店（iTunes Store）相结合，使用户可以随时随地从 iTunes Store 上购买歌曲，这种软硬件相结合的崭新模式才是 iPod 畅销的最主要原因。

　　在线音乐的魅力，不仅在于可以购买单曲，而且价格比 CD 便宜。在美国的媒体音乐服务销售中，在线音乐的销量已超过了 CD。其中 iTunes Store 占有全球线上音乐最大的销售量。在 CD 还是音乐平台的主流时，苹果公司就毅然决定投资创建了 iTunes Store，并获得成功。正如谁都愿意将自己的商品放在顾客满堂的店里一样，许多优质的软件商都聚集到 iTunes Store，使 iTunes Store 的魅力与日俱增，从而又吸引了更多的用户，形成了一个用户和软件商的良性循环。现在 iTunes Store 已发展为一个提供电影、游戏、书籍、软件等的综合平台。

　　苹果公司的成功为我们创造了这样一种可能性：家电厂商可由单个的硬件销售模式转型为软、硬件相结合的模式。只需比较一下销售量和股票市值，便可明白这个可能性带给世人的冲击力有多大。2011 年苹果公司的销售额为 1，082 亿美元，市值高达 5，319 亿美元。而三星公司，尽管其销售额超过了苹果公司达到 1，401 亿美元，但其市值只停留在 1，531 亿美元。相比之下，松下电器公司和索尼公司则相差更悬殊，前者市值为 165 亿美元，后者市值为 140 亿美元。这说明市场做出了单体销售已跟不上时代发展趋势的判断。

随着云计算（Cloud Computing）技术的普及，数码电子产品和家电的连接将会越来越容易和紧密。云计算的不断发展可实现由数据中心控制数据保存和软件管理。因此，消费终端产品不再需要具备高端性能。可以说，家电业已结束了靠单体性能竞争的时代，跨入了靠与互联网相结合、提供创新服务的时代。

索尼公司的遗憾

现在，在利用泛在技术的领域中，苹果公司可谓独领风骚。连非常有实力的三星公司、LG 公司，也只停留在为苹果公司提供零部件、生产智能手机及平板电脑与 iPhone、iPad 的竞争阶段，还未看见他们采取将软、硬件相结合，创建一个如 iTunes Store 的销售平台等具有战略性的举措。

在这点上，日本的家电厂商也是如此。苹果公司的

iPod 一炮打响后，索尼公司也倾力制造数字随身听以期与 iPod 抗衡。结果，很多消费者在评价索尼公司产品时，认为其清晰的音质、耐用的电池、多样的性能等方面比苹果公司胜一筹，索尼公司也再次向我们证明了其深厚的制造实力。但是关键性的、相当于 iTunes Store 的线上音乐，其利用人数仅仅只有苹果公司的三分之一。而将软、硬件相结合，使两者相辅相成，才是泛在网络时代的理想模式。苹果公司 iTunes Store 的魅力，给后来相继问世的 iPhone、iPad 的畅销也带来了积极的影响。因此，不能不说，索尼公司离泛在网络时代的需求还相距甚远。

正如我在第一章中介绍的一样，在 90 年代后期，当时的索尼公司总裁出井伸之曾用了"互联网是陨石"这一比喻，预见了家电业若不顺应泛在网络时代的需求将无法摆脱困境，给家电业敲响了警钟。出井总裁所言的"陨石"，是指在远古时期使气候发生巨大变化、称霸于地球的恐龙灭绝的巨大陨石。

出井总裁在接受访谈时说："在不久的将来，以宽带为代表的通信设备大容量时代会到来。这是第二颗陨石。在互联网诞生前存在的社会组织将会面临生存危机。不光是企业，国家和个人也将被迫去适应新的生存环境。"也就是说，出井总裁预见了这一事实：无法适应互联网，不管是企业、国家还是个人，都有可能像恐龙一样被灭绝。出井总裁比谁都清楚，最先受到影响的当属家电业、电子工业。果然不出所料，苹果公司第一个泛在商品 iPod 于 2001 年问世。

日本的家电业本应该牢记出井总裁的警钟，深思互联网时代人们会追求怎样的商品和服务，并制定出周密的对策。但是，10 年过去了，包括索尼公司在内的日本家电业还未做到这一点。因此，不得不遗憾地承认，在日本，没有人真正理解了那句"互联网是陨石"的真正含义。

毫无意义的规格之争

那么，在进入 21 世纪的前几年，当苹果公司致力于 iTunes Store 的强化及创建其独特的泛在网络世界之时，日本的家电厂商在做什么呢？他们正忙着抢占平面电视、数码相机、数码录像机等市场，并热衷于那些对消费者并无多大意义的规格之争，例如，平面电视机是液晶屏幕好还是等离子屏幕更合适。另外，蓝光格式阵营和 HD – DVD 阵营展开了关于光盘的规格之争。

的确，对于将大量资金投注于技术开发的企业来说，能否掌握产品规格至关重要。而且，企业也一定会抱有诸如"具有更高性能的规格将会更受消费者欢迎"的想法。在平面电视机的规格之争中，液晶屏幕阵营强调其能大量生产、降低成本的优点；等离子屏幕阵营则强调其高清画面更适合观看画面速度快的体育比赛。但是，这些竞争都只限于单体商品的特色与性能，离泛在网络的需求相距甚远。

而且，对于消费者而言，电视机是用来观看电视节目的，只需比较价格和画质，选择喜欢的就可以了，屏幕规格是液晶还是等离子并不重要。换言之，规格之争不会给消费者带来任何实际利益。在日本家电厂商为这些毫无意义的战争消耗精力之时，苹果公司巩固了其一枝独秀的地位。由此也可以看出，日本家电业缺少高瞻远瞩的领导人，能够意识到规格之争毫无意义并制定出企业全体的战略性决策。因此，我们应该重温松下幸之助先生的教诲：时刻考虑顾客需要什么，怎样做才能真正帮助顾客？

探究日本的家电厂商为何没能取得和苹果公司一样的业绩时，终究还会回到人才问题上。日本的家电厂商虽然具备了生产数码电器的技术，但正是因为缺乏人才，所以没能预测到全球经营模式应随着数码电器的变化而变化，没能预测到网络和家电相互融合的泛在网络时代趋势。究其原因，我认为很大程度上是因为泡沫经济以后日本人形成的骄傲自满心理。日本的家电厂商还沉溺于过去的辉煌之中，认为"日本拥有最强的制造实力"，"日本认为好，全世界就会认为好"，根本无法看清新的世界潮流本质。例如，索尼公司的出井总裁曾用"互联网是陨石"这一比喻给家电业敲响了警钟，其麾下的索尼公司以"硬件商品和网络商品的结合"为目标制定了企业策略，结果受到了来自朝同一方向努力的苹果公司的重创。索尼公司也创建了相当于 iTunes Store 的线上音乐模式，但是由于它只能在索尼公司的产品上使用，所以并没引起轰动效应。另外，由于索尼公司旗下有自己的音乐公司和电影公司，竞争对手的软件公司难以聚集到索尼公司的线上音乐商店。

索尼公司的硬件产品拘泥于自己公司，网络产品也限定于自己集团内部。这样的战略方针，不得不让人想起数码时代以前的垂直整合性经营模式。与此相比，iTunes Store 积极加入了对视窗系统的兼容，且苹果公司没有自己的音乐公司和电影公司，使其他各个音乐、电影公司可以毫无顾虑地加入 iTunes Store。也就是说，苹果公司不光在硬件产品的生产上，且在软件服务的提供上也实现了水平分工。由此，在苹果公司产品周围诞生了配件及网络产品的巨大市场。可以说，这种不仅仅依靠自己公司的力量，与其他公司"共存共荣"的营销模式，和松下幸之助先生的理念非常相近。

索尼公司领导人预言了泛在网络时代的到来，也以"硬件商品和网络商品的结合"作为企业策略，却没有逃脱"只要贯彻自己的方式，就可以成功"的骄傲自满心理之桎梏。我也确信，骄傲自满心理之桎梏才是2011年松下电器公司及夏普公司等日本龙头家电厂商产生巨额亏损的真正原因。

理解他国文化的不易

由于长时间在美国工作，所以我养成了以一个外国人的眼光来观察日本的习惯。虽然自己是日本人，但我也承认日本人身上确实存在"岛国意识"。从家电业来说，日本国内市场占全球市场的10%，因此只要在日本国内占有一定市场，就可以保证在全球销量排行中位居前列。而日本厂商也由此产生了自己已占有了全球市场的错觉，难以意识到自己视野的狭小，也不会积极地理解他国文化。在日本经济泡沫时期，有很多海外分公司的日本经营者都要求外国职员学习日语。无论是当时还是现在，英语才是标准商务语言，而有些经营者连这种基本常识都不具备。

我认为，不积极理解他国文化是日本国民性的一种表现。从历史上来看，日本也从未经历过像美国或欧洲国家那样，不同民族、人种混杂生活的时代。由于一直是单一文化，所以日本人产生了一种与外国人交流也能"心有灵犀一点通"的错觉。但是，这种逻辑在全世界是无法被理解的。

时间推溯到太平洋战争时期，当时日本把英语当作"敌方语言"，禁止人使用。学校不教英语，就连在棒球比赛中使用的从 strike 和 ball 而来的外来语都被换成了日语的"好球"和"坏球"。而美国方面正相反，积极学习日本文化。在对日本宣战的同时便在政府和军队内部创建了强化日语学习的专门部门；同时也透彻剖析了日本文化和日本人的思考方式。这些举措不仅有利于战争，也有利于占领日本之后的管理工作。仅凭这一点就已经决出了这场战争的胜负。由此也可以看出，日本人不光未意识到理解他国文化的重要性，也不擅长高瞻远瞩。既然已经明确认识到了这些弱点，接下来就是考虑如何积极理解他国文化了。但因为文化不只包含语言，所以理解他国文化实属不易。我想举一个例子进行一下说明。

松下电器公司明确了将自己的网络产品和硬件产品配套的战略方针以后，曾尝试进军电影行业。前面章节也曾提到过，1990 年松下电器公司收购了美国著名的电影公司——拥有环球影城（Universal Studios）的美国音乐社团唱片公司（Music Corporation of America）。无独有偶，就在前一年，索尼公司也收购了好莱坞名门哥伦比亚电影公司。对当时的家电厂商来说，将电视机、录像机等硬件与电影、音乐等软件相结合，是非常具有战略意义的发展策略。但是由于没有取得预期成果，松下电器公司对环球影城的经营于五年后宣布告终。当时我正好在美国，比较近距离地看到了两个公司的合作。一言以概之，这五年也让我痛感不同文化企业之间的合作是何等艰难！

首先，松下电器公司没有懂电影经营的人才，只能依环球影城所言持续提供巨额资金。电影是"梦想的产业"，制作电影需要庞大的资金。一部好莱坞的大片花上数百亿日元也不足为奇，而且投注巨额资金也不能保证一定会卖座。电影业界对失败之作毫不在乎，会立即着手下一部电影的拍摄。也许把电影比喻成赌博有点过分，但在一旦成功就会带来巨额收入这一点上两者非常相似。所以，一直以来电影公司的赞助商不是石油公司就是像可口可乐公司那样从不吝惜宣传费的全球性企业。与此相反，家电业则是建立在一个零部件成本能够降低几毛几分的精打细算上的行业。这是两个理念不同的行业，二者之间存在无法逾越的鸿沟；并且，在严峻的电影行业，一家外行企业希望在激烈的竞争中获得成功，只能是竹篮打水一场空。

灵敏捕捉娱乐动向的触角

在电影公司的经营方面，索尼公司旗下的影视娱乐公司有一技之长。它创立达 20 年之久，也制作出了很多卖座的电影。而索尼的音乐娱乐公司也将商圈扩张到了全球范围。索尼公司本身虽然是家电厂商，可是基本不生产与衣食住行息息相关的产品，而是以音响器材、视觉软件及电子游戏为中心开展事业，所以索尼公司对娱乐动向了然于心。从索尼公司的经营者来看，80 年代的总裁是东京艺术大学出身的大贺典雄；2012 年新任索尼公司总裁兼首席执行官的平井一夫，曾先后任职于 CBS 索尼公司（现在的索尼音乐娱乐公司）和开发游戏软件的索尼电脑娱乐公司。

今后，这种谙熟娱乐动向的能力，不仅仅是索尼公司，对于任何一家家电厂商而言都会变得越发重要。就像苹果公司之所以拥有如此之多的忠诚粉丝，是因为用户为其时尚的外观、简单且极富趣味性的操作所俘获。苹果公司联合创办人乔布斯非常重视产品的设计风格及使用的方便性，即使新产品发售日期迫在眉睫，稍有不满意的地方，依旧会反复进行修改。iPhone 或 iPad 在本质上都是使用者自己设定软件的 IT 产品，从这点上看，和电脑并无大异。但由于苹果公司产品用户界面操作舒适、简单，外观时尚、新颖，从而使初中生和高中生也能把它当作普通家电运用自如。

以前的日本家电厂商都是彻底追求产品功能而把外观设计放到了次要位置。这点在本书中也曾多次提到。进入数码电器时代后，产品功能难以成为优势，想要制造"对顾客有用的产品"，就应该越来越重视外观设计和用户界面。不光是苹果公司，三星公司也在外观设计上倾注了人力、物力，在全球取得了很高的评价。可以说，只有日本家电厂商还在忽视外观设计。

对日本的家电厂商来说，重视外观设计是一种和以往的常识大相径庭的异域文化。但是我认为，日本的家电厂商应该认识到，再不吸取这些异域文化就没有明天，再不根除"岛国意识"就无法适应全球化的时代潮流。

在中国，网吧里总会看到几十个人在网上看美国电影；在朝鲜，电影《洛奇》被用于政治宣传……这些都让我们惊叹：国家之间的距离正变得越来越近！

iWorld 是否会实现

谈到苹果公司引领的泛在商品时，不得不谈一谈白色家电和互联网的融合。现在，苹果公司销售的 iPod、iPhone 及 iPod 等属于信息电器、娱乐电器，今后，泛在技术将会被越来越广泛地运用于白色家电。首先是电视机。有专家指出，苹果公司若开发出能同时看电视和上网的智能电视机，所带来的冲击力将是无法想象的。智能电视机会像 iPod 改变音乐市场的格局、像 iPhone 将手机主流转移到智能手机一样，将给电视机带来翻天覆地的变化。

我个人预测，苹果公司正计划将所有家电都置于苹果公司软件的控制管理之下。在现实生活中，各种智能家电已经问世，例如，按照从网上下载的菜谱做菜的微波炉、不在家里也能调节开关和温度的空调、用内藏照相机照下室内样子再将数据传送至互联网的自动吸尘器等，能最有效控制这些智能家电的就是普及率极高的 iPhone 和 iPad。

对日本家电厂商而言，在树立企业战略目标时，考虑能源、生活家电、住宅及生活的方方面面，毫无疑问将会变得至关重要。实际上，日本的家电厂商并未掌控把家电连成一体的标准化软件，而标准化软件的掌控才是今后左右家电厂商成败的关键。如果又被苹果公司占了先机，后果将不堪设想。标准化软件将使智能家庭（iHome）、智能汽车（iCar）、智能城市（iTown）变为现实，甚至未来将有可能实现智能世界（iWorld）。

今后，白色家电融入泛在商品是一种必然趋势。的确，日本拥有可以引以为豪的白色家电制造技术，但是"只要性能好就一定会畅销"的想法已经过时了，这点在本书中也曾多次提到。在信息商品领域，我们曾让苹果公司独领风骚，日本家电厂商如果想凭借白色家电卷土重来，必须导入"泛在白色家电"的观点；而且，没有必要再打造具备高端性能却不易操作的高级商品了。日本家电厂商不能再重蹈覆辙了！

松下幸之助先生曾说过"珍惜那些单纯的灵感"，这绝对不是要人们自以为是。我认为，他更多的是在劝说人们不要为所谓的常识所束缚。日本还没有从泡沫经济时期的骄傲自满中摆脱出来，但我强烈地盼望日本也会出现如乔布斯那样具有独创性的人才。

第二篇
为重振日本家电业开方抓药

第一章　伤筋动骨的裁员措施

给员工创造如鱼得水的工作环境

日本家电业如何才能重振旗鼓呢？我将通过层层分析探寻相应的方策。

首先，如何留住和吸引人才至关重要。前面已经提到，日本家电业之所以呈现日落西山之势是由于其一直沉浸在以往成功的摇篮里，对市场环境的变化视若无睹，从而未能及时采取有效措施，具体包括：没有顺应全球市场的发展研发出具有魅力的产品，没能及时引进水平分工的生产模式使其在价格竞争中处于劣势等。归根结底，这都是由于企业缺乏能够敏感抓住市场趋势和富有远见地做出正确判断的人才。

松下幸之助先生一直把人才作为企业的核心。曾有人提问：松下电器公司是一家生产什么产品的企业？

松下幸之助先生回答："我们首先是一家培养人才的企业，其次才是一家电器生产商。"这句名言正体现了松下幸之助先生的经营理念。1929 年全球爆发经济危机时，许多企业为了削减成本纷纷裁员，但松下幸之助先生直到经济危机结束都没有解雇过一名员工。他致力于维护员工利益的举措感动了每一个企业成员，公司员工都加

"企业的核心是人才"，松下幸之助先生的照片（1982 年 12 月）

倍努力工作，连在工厂工作的工人都加入推销产品的行列，使积压的产品最终得以全部售出。企业和员工之间荣辱与共、协同合作的关系既保住了员工的工作机会，也帮助企业摆脱了困境。

　　如今，日本家电业面临前所未有的危机，松下、夏普、索尼三大家电巨头的亏损都创下了历史纪录。要想克服危机，首先需要的就是企业经营管理层与员工之间的相互信赖和精诚团结。如果员工失去信心和动力，企业很快就会丧失发展的潜力，如沙垒楼阁，一旦遇到危机就会分崩离析。因此对于日本家电业来说，现在至关重要的就是如何创造一个对人才具有吸引力的经营环

境，尊重人才，培养人才，重用人才。

为他人做嫁衣的裁员措施

裁员是企业在处理人才问题时迫不得已所采取的措施。现代日语的"裁员"一词从英语的 restructuring 音译而来，这个词在英语中本来是重组的意思，具体来说就是对业务内容和组织结构重新进行调整，以便实现效率和效益的最大化。但不知何时，这个词具有了裁员、炒鱿鱼的含义。

在泡沫经济破灭后，日本经历的一段超过 20 年的经济低迷时期被称为"发展停滞的 20 年"，这也是日本企业普遍采取裁员措施以期削减成本的时期。诚然，企业在经营陷入困境时，裁员犹如一剂兴奋剂，能够迅速改善业绩，因此不是所有的裁员措施都应被否定。但是，纵观这 20 多年来日本企业的裁员措施，其颇有扩大化之势，这使得终身雇用制几乎名存实亡。有的企业领导甚至妄言"人工费是变动成本"，其实这就是宣称只要销售额下滑，裁员就势在必行。这种经营方式怎能让员工产生对企业的归属感呢？

在日本家电厂商裁减的人员中其实有许多技术精英，他们大多被国外企业聘用。在日本泡沫经济破灭之后，亚洲的高科技产业、电子产业迅速发展，一些企业也得到了快速成长，其中包括韩国的三星公司及中国台湾的大型半导体制造商台积电公司、宏碁公司、鸿海精密工业公司等。这些企业从日本家电厂商裁减的技术人员中淘到了许多人才，实现了其快速发展。

日本家电厂商一直为拥有世界顶尖水平的生产技术引以为豪，这些技术也是日本家电业秘而不宣的传家宝。为了守住这些技术秘密，日本家电厂商一直拒绝采用在全球日益普及的水平分工型经营模式，固守国内制造的生产方式，不愿把生产委托给国外厂商。然而，在裁员的过程中，技术秘密也随着人才的流失而流入了外人田中。换句话说，日本厂商的裁员等于向亚洲企业输送了人才，反而给自己树立了强劲的对手。

现如今，一些知名亚洲企业通过对从日本技术人员那里获取的技术进行改良和创新，已经拥有了超过日本厂商的技术实力。特别是在大规模生产技术方面，以鸿海精密工业公司为首的中国台湾专业电子代工服务厂商和韩国三星公司的产量已经数以亿计，而日本厂商国内工厂的产量还停留在一千万以下，这个曾经在全球傲视群雄的生产大国如今已被亚洲企业远远地抛在了后面。显而易见，通过裁员来改善财务状况的经营方式只不过是一剂副作用极大的强心剂，尽管短期内可以使财务报表显得光鲜一些，但从长远来看，其却使宝贵的技术和经验外流。只有保留人才，企业才能保留技术，才能具有长期发展的潜力。

事实上，许多技术和经验是只可意会不可言传的，无法规范化和用书面形式保留下来，而只能通过师傅的言传身教得以传承。我在松下电器公司干电池业务部门工作时曾听说过这样一件事。松下电器公司在印度尼西亚新建了一个生产干电池的自动化工厂，生产设备全部从日本调配。既然是自动化生产，人们往往认为只要安装好了设备即可开始生产，但其实不然。印尼的气候与日本不同，而且在当地调配的原材料与在日本使用的原材料也略有差异。这样，受气温、湿度、原材料等因素的影响，如果不对设备进行相应的调试，即使是同样的设备，生产出的电池质量也无法得到保证。但应该如何基于当地的具体条件对设备进行调试，这在设备的说明书里是找不到答案的，只能依靠技术人员积累的经验进行。最后，松下电器公司从日本派出技术人员解决了这一问题。这个事例说明，大量裁员其实造成了知识和技术等宝贵的无形资产流失。

另外，在员工身上蕴含的无形资产还包括对企业和企业文化的忠诚。近年，日本企业在人才招聘时越来越注重实战能力，有的企业甚至在招收应届毕业生时也要求英语考级证书和相关职业资格证书，希望新员工马上能在第一线独当一面。曾几何时，在终身雇用制时期，企业会对新员工进行全面培训，致力于人才培养。

在我刚刚参加工作的 20 世纪 60 年代后期，尽管当时的大学生还是物以稀为贵，但在进入松下电器公司后，公司仍安排我从底层做起，对我进行了整整一年的培训，至今我还清楚地记得刚进公司参加实习时的情景。尽管我属于营业部，但仍按惯例被派到空调生产车间实习了三个月，这一培训的目的是让营销人员切身体会到生产第一线工作的艰辛。尽管我是一个新手，但每次我负责的生产线出现次品时，我都会受到生产小组长的严厉批评。在生产车间的实习结束后，我便开始接受销售培训，被派往大阪平民区的一个电器店学习待客之道。我每天早上 7 点上班，第一项任务就是打扫店里的卫生间。除本职工作外，带店长的宠物狗散步、为店长的孩子补习功课，还包括突然下雨时利用工作间歇到学校去接店长的孩子回家，这些都是我的工作范畴。一句话，要圆满完成店长交给我的所有任务。那时，如我一样的新员工每个人都必须经过这样的磨炼，积累各个方面的经验。

现在也许有人会对此提出质疑：做这么多无用功有用吗？但我认为，正是这似乎不近人情的实习培训磨炼了员工的意志和毅力，产生了对企业的归属感，并使顾客至上这一企业文化在心中扎根，而这些都是促进企业披荆斩棘、不断发展的无形力量。而员工在技术方面的积累更需要一个长期的过程。在遇到困境时，日本厂商如果轻易地进行裁员就意味着让迄今为止用于培养人才的时间和资金付诸东流，而这些失去工作的员工反被竞争对手录用，这对于日本厂商来说可谓是为他人做嫁衣，得不偿失。

员工会丧失对企业的信任

裁员的另外一个负面效应是会使剩下的员工丧失对企业的信任，继而出现员工主动辞职、另谋高就的情况。日本企业的裁员方式一般是以年龄划线，辞退年纪较大的员工，留下较为年轻的员工。而对于剩下的员工来说，被裁员工的前车之鉴会引发他们对未来的担忧，从而未雨绸缪开始收集跳槽信息，与其将来被裁掉，还不如在遇到条件合适的企业时另投明君。而有能力跳槽的员工又大多是精英人才，是企业领导作为未来接班人的重点培养对象。迄今为止，企业已经为培养这些人才进行了大量投资，以便让他们积累经验，因此，他们的主动离职会给企业的发展造成重大损失。一旦出现员工主动离职的情况，企业内部就会出现多米诺骨牌效应。如果员工普遍觉得即使自己努力做出成绩，不知哪一天也会被炒鱿鱼的话，他们就会对企业的前途心灰意冷，丧失对企业的信任。回想在世界经济大萧条时期，松下电器公司的员工愿意与松下幸之助先生以及公司共渡难关，凭借的就是员工对企业的信任和对未来的信心，而裁员则会损害员工和企业之间的这种信赖关系。

因此，裁员只能作为企业解决经营困境的最后一个选项。另外，裁员的方法也需要慎重考虑，例如，如果采用按年龄一刀切的传统办法，则无法避免地会导致优秀人才流失。如何在裁员后稳住员工的军心也是一个重要问题，这就需要企业建立赏罚分明的人事制度，增强企业的凝聚力。

在日本企业，无论企业取得了多么好的业绩，高层领导的薪酬也不会超过中层领导的两倍。但在美国，高层领导的薪酬即使是中层领导的几十倍也不足为奇，这就是企业活力的源泉所在。正因为具有有效的奖励机制，所以美国人才会废寝忘食地工作。近年，日本出现了一些员工与企业围绕技术和发明成果的所有权问题对簿公堂的案例。如果判决结果有利于企业一方的话，这会导致人才的进一步流失。现在，日本企业都很注重成果导向，把奖励与工作成绩挂钩，但是有时却只是流于形式，这也会影响员工的工作积极性。

通过并购网罗人才

　　关于人才管理，松下幸之助先生不仅不实施裁员，还擅长利用并购把其他企业的人才收归麾下。例如，被誉为"松下电器公司大掌柜"的高桥荒太郎起初是朝日干电池公司的一名年轻干部。前面曾经提到，在20世纪20年代末，松下手电筒成了畅销产品，为此，许多客户都希望购买松下电器公司生产的干电池。但当时，松下电器公司并没有生产电池的技术和业务。面对这种情况，松下幸之助先生立即收购了小森干电池公司和朝日干电池公司，使松下电器公司成为日本干电池生产和销售的龙头企业。

　　松下幸之助先生此时慧眼识珠，看中了高桥荒太郎的工作能力，尽管高桥荒太郎不是松下电器公司的嫡系，但仍被松下幸之助先生委以重任，负责国外业务等核心业务，最终成为松下幸之助先生的"左膀右臂"。第二次世界大战后，高桥荒太郎着手设立了海外经营局，统管松下电器公司的国外法人，为公司开拓国外业务奠定了基础。当时，公司里甚至流行着这样一句话：国内业务问松下（幸之助），国外业务询高桥（荒太郎）。

　　如今，企业间的分拆、并购更加普遍，但两个公司合并后人事部仍保留两套班子、合并方式是大鱼吃小鱼等情况时有发生。这样，处于劣势一方企业的员工往往会因受到不平等待遇而另谋高就——与其坐冷板凳还不如跳槽到其他公司大显身手，这是人之常情。这就使充实人才这一并购应有的重要成果大打折扣。松下幸之助先生在并购时注重保住人才这一指导思想在今天仍具有重要意义。

　　如何实现并购后有效利用人才这一目标呢？关键要在并购前摸清对方的业务内容和企业价值，并购时只购入对自己有益的业务以及自己所需人才的部门。美国有句谚语叫作"买东西要买肉和骨"，意思是说买东西需要挑选最有营养的部分。同理，如果并购后买到的是一个亏损部门，最后只能进一步花费成本对其实施裁员。这不仅会破坏企业内部的工作气氛，还会导致人才和技术的流失，得不偿失。在对是否采取并购措施、并购对象是对方的哪一个部门等问题做出决策时，松下幸之助先生总是要对对方企业进行详细的调查，确定能扩展业务、或能充实人才、或两者兼得的并购对象，让并购能够物有所值。

　　松下幸之助先生还深谙并购的技巧，在松下电器公司实施并购或与其他公司进行共同投资时，他总是在最后阶段才会露面。例如，1952 年松下电器公司与荷兰的飞利浦公司合作共同出资在日本建立松下电子工业公司时，在双方的谈判阶段，飞利浦公司要求合资公司成立后支付营业额的 7% 作为技术指导佣金。但在美国，这一报酬一般是营业额的 3%，显而易见，飞利浦公司在漫天要价。当时，松下电器公司的谈判负责人是高桥荒太郎，松下方面马上提出，要求合资公司成立后支付营业额的 3% 作为在日本市场的经营管理佣金，理由是无论技术如何先进，必须采取符合日本文化的经营管理方式，否则企业增收无从谈起。

双方经过数日激烈的辩论，最终飞利浦方面要求的技术指导佣金定为营业额的 4.5%，松下方面要求的经营管理佣金定为营业额的 3%，这样两者相抵，合资公司支付给飞利浦公司的技术指导佣金实际为营业额的 1.5%。在合作签字仪式当天，松下幸之助先生自谈判以来首次露面，满意地在合同上盖了章。如果合作双方的最高经营者一开始就握手，达成合作意向的话，谈判负责人就会感到压力，潜意识当中会把达成协议作为终极目标，在关系到己方利益的关键问题上就不会"寸土不让"。只有把谈判成功与否的大权交给谈判负责人，让他具有即使谈崩了也无所谓的勇气，才能最大限度地在谈判中维护己方利益，这就是松下幸之助先生不到最后阶段不出现的考量。

松下幸之助先生在摸清并购对象的业务内容和企业价值方面也是一丝不苟，只吸纳对己方有益的部门和人才，从而为员工拥有稳定的工作、人尽其才提供保障。

日本提供专业电子代工服务的可能性

当然，也许有人不禁会产生疑问：不进行裁员，反而依靠并购网罗技术和人才，这现实吗？的确，在公司陷入难以摆脱的困境时，裁员是一项速效的选择。但我想强调的是，在做出裁员的决定之前，有必要尽力寻求能够保留并发挥人才能力的方法。

如今，专业电子代工服务在国际水平分工中占有重要地位。由于许多代工工厂都建在中国大陆，因此有人会误以为中国大陆的企业是专业电子代工服务的主力军。其实，包括专业电子代工服务的龙头企业鸿海精密工业公司在内，大部分专业电子代工服务企业都是中国台湾或新加坡的企业。既然如此，那么日本厂商提供专业电子代工服务也不是没有可能。

事实上，国外的专业电子代工企业正是大量吸收日本企业流失的人才，学习生产技术后才获得了飞速的发展。换句话说，日本企业拥有大量优秀的技术人才，要想提供专业电子代工服务，从技术上来说简直是轻而易举。而且，日本的生产设备和产业机器人也是世界一流的，日本家电厂商与相关企业合作建立专业电子代工服务生产体系也易如反掌。退一万步说，仅凭被裁减的人员以及超过 60 岁的退休人员也能组成一个专业电子代工企业。

　　松下电器公司曾在劳动力成本较低的地区设立过生产企业，专门生产出口产品，这就是分别设在四国和九州的松下寿电子工业公司和九州松下电器公司。那是在 20 世纪 60 年代，尽管当时与欧美国家相比，日本整体的劳动力成本还很低，但随着经济的高增长，以大城市为主的工资水平开始不断上升。在这种情况下，松下幸之助先生把目光投向了国内工资水平较低的四国和九州。设在四国高松地区的松下寿电子工业公司尽管把研发工作都委托给了松下电器公司，但除了生产外，还具备独特的产品开发能力，能够将与零售店进行信息沟通中产生的点子变为产品。可以说，松下寿电子工业公司的业务与现今的专业电子代工服务十分相似。而设于九州的九州松下电器公司则将工厂遍布九州各地作为了一项经营目标，这是基于松下幸之助先生的"共存共荣"理念。松下幸之助先生认为，建设工厂创造就业机会就能提高当地居民的生活水平和购买能力，这一地区就会逐渐成为一个消费市场。基于这一理念，松下电器公司逐渐把外销产品转为在国外生产，致力于生产的本地化。

从这一角度来说，如果松下幸之助先生健在的话，他一定会把松下电器公司拥有的人才和技术与中国低成本的劳动力相结合，在当地设立专业代工服务公司，生产面向中国市场的产品。

美国是否存在产业空心化问题

也有意见指出，如果实施水平分工型经营方式纷纷在国外设立专业电子代工企业的话，势必会影响日本国内的就业机会，造成空心化的问题。对于这种担忧，其实美国的事例就给出了很好的答案。

第一篇第一章中提过，20世纪70年代，美国无线电公司（RCA）、珍妮丝公司（Zenith）、马格纳沃克斯公司（Magnavox）、通用公司（GE）、摩托罗拉公司（Motorola）等美国家电厂商的主要业务都是生产和销售电视机。但是，到了20世纪80年代，这些企业因不敌日本企业都退出了家电业，摩托罗拉公司的家电业务甚至被转让给了松下电器公司。以家电业而论，这一情况的确造成美国国内的就业机会减少。

但短短几年过后，美国企业在半导体、IT、通信领域迅速发展，一些曾经不得不裁掉家电业务的企业在这些领域重新成为全球市场的鳌头，从而为美国国内创造了更多的就业机会。苹果公司的成功还带动了应用软件开发、内容商品创造等相关产业的发展。包括中央处理器等半导体和操作程序等基础软件在内的高科技产业的核心部分几乎都被美国企业所掌控。

美国的事例告诉我们，国内产业结构应该随着国际分工体制的变化而调整。诚然，无法适应产业结构调整的工人会失业，但这只是一个暂时现象。即便政府采取保护措施让已经失去竞争力的产业苟延残喘，但这些产业迟早会成为国民经济发展的重大负担。与其如此，还不如遵循优胜劣汰的法则，鼓励企业努力开拓新领域，在其他方面提高竞争力，推动产业转型。同时，政府可以利用在新领域方面增加的税收大力开展职业教育和就业培训，促进失业人员提高技术和知识水平，适应产业结构调整的新形势。

而且，日本家电企业即便涉足专业电子代工服务，也无须把所有生产线都转移到中国。日本仍然可以发挥在机器无法替代的、需要精细技术工艺的生产方面的优势，在国内保留相关产品的生产线，如高级按摩椅、高级单反相机、高级音响等高端产品的生产线。采用机电一体化技术的产业机器人也是非日本国内生产莫属，由于需要把精密机械与电子控制技术相结合，因此与只用在基板上焊接芯片就可制成的数码电器相比，其复杂程度和技术工艺有天壤之别。日本需要发挥和保留的正是在这些领域独一无二的优势，努力开发新产品，进一步增强国际竞争力。

反思股价至上的经营理念

对于有必要开拓新领域，发挥员工能力从而避免裁员的观点也许有人会提出质疑，理由是现代企业经营的特点是重视股东和重视金融市场，这是现今主流的市场原理。因此，即便是普通员工，他也明白股东利益对于企业来说至关重要这个道理。这一经营理念在美英等国一直占据主导地位，但是，近期的一些事例却不禁让人产生这样的疑问：现今的市场原理一定就是亘久不变的真理吗？例如，在"股价就是一切"的思想指导下，日本出现了活力门公司、村上基金公司等的违规事件，给社会造成了巨大混乱。在美国，房地产泡沫、次贷问题成为雷曼公司倒闭进而引发金融危机的导火索，随之而来的是欧洲信用危机。欧洲的金融混乱给中国经济造成了负面影响，热钱纷纷涌入国际商品市场，造成石油价格起伏不定……这些可以说都是以金融资本为核心的市场原理诱发的混乱。为了避免重蹈覆辙，如今正是对"股东至上、股价至上"这一经营理念进行反思的时候。我认为，企业要重振经营需要从根本上增强实力，仅凭宣布裁员就可带动股价上扬，这只不过是一种虚假的繁荣。

松下幸之助先生在管理公司时总是把顾客放在首位，其次是员工，再次才是股东。这并不是日本独有的经营理念，中国台湾大型电脑厂商宏碁公司的创始人施振荣先生也曾表明，自己的原则是员工第一，顾客第二，股东第三。他对此解释说："员工在公司生产和创造产品的同时也是自家产品的忠实用户。普通的顾客今天买了宏碁产品，明天却有可能买其他厂家的产品。但员工自始至终都是自家产品的用户，而且会对产品提出建议。因此，我必须把员工放在首位。"正是基于这一经营理念，宏碁公司成为世界上屈指可数的电脑制造商。宏碁公司的事例也反证了有必要对裁员措施进行反思。

对于企业的日常经营活动，松下幸之助先生还提出了"水库理论"。具体来说，企业对资金、人才和技术要像水库蓄水一样日积月累、养兵千日、用兵一时，只有这样，才能在经营遇到"风浪"时让这些企业资源发挥积极作用，从而避免企业经营因股价大幅波动而受影响，也可避免出现不得不裁员的困境。

　　重振日本家电业的第一笺处方就是"向以人才为本的经营转型"。可以说，人才是企业的无形资产、宝贵财富，裁员尽管具有让股价立即上扬的强心针作用，但从长远来看，只会饮鸩止渴，使企业丧失发展潜力。另外，在万不得已需要裁员时，采取措施保留住优秀人才至关重要。这就需要企业建立公平、公正的奖惩机制，创造一个让优秀人才趋之若鹜、以企业为家的稳定工作环境。从日本整体来说，我认为，与其为如何确保民众养老金的问题绞尽脑汁，还不如创造一个让有余力的人可以始终活跃在工作岗位的社会环境。

第二章 实现跨越国境的"共存共荣"

合作公司也是客户

日本家电业重振旗鼓的第二个关键是促进与合作公司的跨国境"共存共荣"。

松下电器公司总公司所在地门真市及其周边地区聚集了许多中小企业，承接了松下电器公司的一些外包业务。松下电器公司有时也会采用并购的方式把有实力的中小企业纳入麾下，从而进一步发展壮大。松下幸之助先生把这些承接外包业务的企业都尊称为"合作公司"或"协作公司"，并十分重视与这些企业的业务合作和利润的公平分配，保障双方的共同发展。松下电器公司还对合作公司的经营人员进行业务培训，接纳这些企业领导的接班人到松下电器公司进行短期实习。松下纪念医院等福利设施也以与松下电器公司员工同等的条件对合作公司开放，在合作企业需要对工厂或办公大楼进行改建时，松下电器公司还会提供援助资金。

之所以采取这样的经营方针，松下幸之助先生是这样考虑的：通过与松下电器公司合作不断提高生活水平的人士，对松下产品也一定抱有深厚的感情。换句话说，合作公司既是生意上的伙伴，也是松下电器公司的顾客。松下产品能够畅销的话，委托给合作公司的工作就会随之增加，合作公司员工的收入也会越来越丰厚，进而促进松下产品的市场不断扩大，从而产生新的商务机会。这样的良性循环就可以推动与相关人士的共同发展。

松下幸之助先生曾经说过："未实现共存共荣的发展不能称之为真正的发展，也不可能有可持续的繁荣。"起初，松下电器公司的合作公司大部分都集中在门真市，随着松下电器公司的业务不断扩大，全国各地都有企业加入合作公司的行列。松下幸之助先生曾经希望在所有都道府县都设立松下电器公司的办事处，为公司的进一步发展打下坚实的基础。

我认为，松下幸之助先生这种与合作公司"共存共荣"的经营理念，基于如今的现实情况加以扩展的话，可以解释为"跨越国境，共同发展"这八个字。包括松下电器公司在内的日本大型家电厂商的业务都已扩大到了世界各地，不再局限于国内市场，从这个角度来说，拘泥于国产化的经营方式只能是作茧自缚。像松下幸之助先生把合作公司从门真市扩展到全国一样，日本家电厂商有必要全面融入国际水平分工的经营体系，积极发挥国外合作公司的作用，从而实现跨越国境的共同发展，带动亚洲各地共同走向富裕。换句话说，与其担心日本的技术流失到国外、国内产生就业空心化等问题，还不如积极在国外培育和扩大日本品牌的市场，让日本企业的发展成为世界经济发展的一个部分，实现企业与地区经济的双赢。

国内工厂已经有心无力

前面已经说过，日本家电厂商一直采用的封闭垂直整合性经营模式如今已经难以在激烈的价格竞争中获得优势，而日元又不断升值，这对日本企业来说无异于雪上加霜。

日元升值可以说是历史的必然结果，并不是一个偶然。松下幸之助先生在 30 多年前就曾预言："19 世纪的繁荣属于欧洲，20 世纪的强盛属于美国，21 世纪则会成为亚洲的世纪。"的确，在进入 21 世纪后，亚洲国家的崛起令世人瞩目，而日本作为亚洲唯一的发达国家，其货币走强理所当然。20 世纪 60 年代，日元汇率还处于 1 美元兑 360 日元的水平，但松下幸之助先生就已经在为日元升值做准备，在劳动力成本较低的地区成立了专门生产出口产品的松下寿电子工业公司和九州松下电器公司。在 20 世纪 80 年代广场协议之后，日元迅速升值。为此，松下电器公司美国公司与松下寿电子工业公司、九州松下电器公司合作，研究如何生产适合美国市场的产品以应对日元升值。通过不懈努力，他们终于改善了生产体制，在日元汇率上升到 1 美元兑 100 日元的情况下也能盈利。当时，我在美国公司工作，亲身经历了这一合作过程。

但在 2005 年之后，日元继续升值，到了 2012 年上半年，日元汇率在 1 美元兑 80 日元的水平徘徊，有时甚至升到 70 多日元。虽然日本国内劳动力的平均年收入有下降的趋势，但由于日元升值，以外币计价的话，从全球来看日本人的工资水平仍位居前列。劳动力成本的上升让出口产品占很大比重的日本家电业在全球竞争中毫无胜算。尽管如此，松下电器公司和夏普公司仍然投入巨额资金在国内分别兴建了大型生产基地——尼崎工厂和堺工厂，希望通过扩大生产规模降低产品的单位成本，但结果却是双双在 2011 年出现了大幅亏损。这一惨痛教训说明：只要日元汇率居高不下，坚持国产化只能是死路一条。

当然，日本家电产品如果具有香奈儿、路易威登等国际品牌的影响力，即便价格昂贵，也能畅销获利，但事实并非如此。再加上家电业进入数码时代，仅凭技术就能分出产品高下的时代已经一去不复返了。而如果无视市场需求，绞尽脑汁地把特殊零件或特别功能强加在家电上，以期提高产品的附加价值，也只能导致产品的"加拉帕戈斯化"——可供自我陶醉，却无法摆脱经营困境。说得极端一点，在泛在技术逐步获得普及的今天，只有实现家电产品之间的联动、为顾客提供更加方便的使用体验才是企业发展的正确方向，把改善经营的希望寄托在将标新立异的技术用在某一种家电产品的升级之上，无异于画饼充饥。

部分日本家电厂商也认识到在压缩成本、降低售价方面难以取得优势，从而把核心业务向高档产品的生产转型。但我认为，从市场现状来看，高档产品只能算是小众市场。第一篇第四章中曾提到，家电企业的产品系列可分为"品牌商品"、"主打商品"和"促销商品"这三大块。高档产品属于"品牌商品"，其作用是展示企业的技术实力，向顾客宣传品牌的魅力，而不能作为支撑企业经营的核心产品。当然，如果是一家拥有高端技术人员的小型企业，把高档产品的生产作为企业的发展中心也未尝不可，如专门为发烧友生产高级音响的企业、生产浓凝聚密技术的高端单反照相机的企业等。但是，松下电器公司、夏普公司和索尼公司都不在此之列，而是需要依靠"主打商品"获得大部分利润的企业。为此，显而易见，日本家电厂商拘泥于国产化是毫无意义的，只有充分利用通用型零部件，与亚洲的专业电子代工企业合作，加大"主打商品"的生产力度，才能杀出一条血路，扭亏为盈。

2010 年，我作为嘉宾参加东京电视台的一个电视节目时曾指出，日本家电厂商需要对 Made in Japan 忍痛割爱。事后，我的这一公开发言引起了在职的公司同事的强烈抗议。然而时过境迁，在日元汇率突破 1 美元兑 80 日元时，当年对我的建议表示不满的人大部分都转变了看法，对我的意见表示认同。

生产技术已不具有优势

日本家电厂商之所以难以把生产转向国外，主要有两个原因。其一是担心技术机密的泄露，其二是担心影响国内的就业。但是，从与国外企业共同发展的长远角度来看，其实这都是杞人忧天。

因为日本的许多生产技术其实早就因技术人员转投

他人门下而被国外企业所掌握，例如，三星公司、中国台湾的电脑厂商和专业电子代工企业都得益于网罗日本的技术人员而在 20 世纪 90 年代获得了迅猛的发展。这些日本技术人员有的是被日本企业解雇的，也有被猎头公司出示的高额报酬所吸引主动从日本企业辞职的。为何没能留住这些人才，为何这些人才转到亚洲其他发展势头良好的企业就能发挥重要作用，这些都是日本企业必须深刻反省的问题。

只要考察一下亚洲企业的实力，就可以发现担心生产技术被窃取其实只是日本企业杞人忧天的想法。现在，亚洲企业已是日本生产设备和产业机器人的最大客户，他们的设备丝毫不逊于日本企业，凭借雄厚的资金实力，有时甚至比日本企业抢先一步采用新型设备。从产能上来说，一些亚洲企业已经达到日本企业大型工厂的数百倍，能够满足苹果等公司的代工要求，按期完成数百万台新产品的生产任务并发送给世界各地的销售网点。

欧美的名牌大学云集了来自中国和韩国的优秀留学生，但日本的留学生却寥寥无几。我曾听说，美国哈佛大学的中国和韩国籍留学生都超过了 50 人，而日本留学生平均每个年级却只有 1 人。流利的英语让中国和韩国的优秀人才能够迅速搜集到全球的最新信息，这对企业的发展至关重要。

　　事实上，许多亚洲企业已经基于日本技术人员传授的知识和经验孕育出了自己独特的技术，在某些方面甚至超越了日本。所以，对日本企业来说，与其想尽办法保住自己的"技术秘密"，还不如努力探求与亚洲企业联手实现双赢的途径，以亚洲地区为核心贯彻松下幸之助先生倡导的"共存共荣"经营理念。

　　许多把大型生产基地设在中国大陆的中国台湾企业其实也促进了当地经济的发展。例如，鸿海精密工业公司在中国大陆雇用的员工超过100万人，尽管近些年在工资水平、劳务管理等方面出现了一些纠纷，但是仅从为100万人创造就业机会这个角度来说，鸿海集团对当地经济的贡献毋庸置疑。鸿海集团的员工有了积蓄就会去买电脑和智能手机，成为产品的用户，从而间接地增加鸿海集团的业务订单。这种良性循环促成了中国大陆和中国台湾的共同发展。

　　专业电子代工企业开展的仅仅是代工业务，并不拥有自家品牌。如果日本企业把生产委托给专业电子代工企业的话，就可以让当地的员工对松下、夏普、索尼等日本品牌进一步产生好感。前一章也谈到过，日本企业还可以在中国大陆成立自己的专业电子代工工厂，例如，松下电器公司如果在中国设立了以松下冠名的专业电子代工工厂，包括工厂工人在内喜欢松下产品的人一定会越来越多。

日本企业有必要重视与中国的共同发展。一方面，中国作为"世界的工厂"在基础设施建设方面越来越完善，对于专业电子代工企业生产的产品，已经通过业务外包形成了从接受订单、包装到送货的一条龙服务。这些产品通过 24 小时营业的香港机场只需 3 天就可以送到美国的用户手中。另一方面，尽管中国的生产能力已经达到世界一流水平，但是还不具备创造高端自有品牌的能力。换句话说，相对于持有许多核心技术专利的日本企业，中国企业还无法从技术层面对其构成威胁。

与中国台湾企业不同，三星公司等韩国企业已经在电子工业、家电生产方面成为了日本企业的强劲对手。苹果公司的产品有许多零部件都由三星公司生产，为此，在代工的过程中，三星公司掌握了许多苹果公司产品的信息。曾经就出现过这样的情况：在新一代 iPad 推出市场半年之后，三星公司就推出了与之抗衡的平板电脑。据说，苹果公司已经对此有所不满，正在考虑降低产品对三星公司的依赖程度。这一事例说明，在把代工业务委托给与自己实力相仿的企业时需要慎重考虑。而中国的企业目前只是在生产能力方面具有优势，因此与日本企业具有互补性，双方有条件在不发生业务冲突的情况下实现双赢。

关于产业转移是否会造成国内就业空心化的问题，其实，让已经丧失竞争力的产业在国内残喘，从长远来看迟早会成为民众的负担。因此，把需要不断压缩成本的"主打商品"生产转移到国外，国内专注于高附加价值以及需要精密技术的高端"品牌商品"的生产，只有这样，日本企业才能发挥在国内外生产的各种优势，形成企业在各类产品上的均衡发展。

重视生产的本土化

当年，松下幸之助先生在国内各地扩大合作公司范围的同时，也高瞻远瞩地把目光投向了国外市场，希望把与合作公司共同发展的理念用于拓展国外业务。20世纪50年代初，松下手电筒在日本国内热销，松下电器公司也成了国内干电池生产的龙头企业，松下幸之助先生便筹划着让松下干电池打入美国市场。但在当时，干电池的保质期只有三年，因此如果把生产基地建在其他国家，再把产品利用海运运送到美国的话，就会缩短干电池的使用期限。而且，由于干电池重量大，运输成本也很高。

鉴于这种情况，1951年，松下幸之助先生亲自前往美国进行市场调研，并萌生了在美国设立干电池工厂的想法。他的计划异乎寻常，准备在纽约曼哈顿繁华的第五大道设立一个以透明玻璃做墙壁的工厂，让路人能够一目了然地观察干电池生产的全过程，这样就可以获得巨大的宣传效应。松下幸之助先生把这一想法用明信片告知了当时干电池事业部的负责人。在纽约繁华地段设立一个如同展示厅一样的工厂，这一颇为大胆的计划凭借的是松下幸之助先生对松下电器公司干电池生产技术的绝对自信。他认为，松下的技术实力当时已经足以在全世界广为宣传。

尽管干电池工厂最终没有设在曼哈顿，但在美国销售的产品需要在当地生产的这一理念得到了贯彻，松下电器公司把工厂选址定在亚特兰大。在跨出了打入美国市场的第一步之后，松下幸之助先生接着便制订了更为宏伟的计划，他希望松下电器公司的美国公司将来能够在纽约证券交易所上市，并采用股票期权的方式奖励员工。要实现这一目标，就需要积极录用当地人才，培养他们成为美国公司的管理人员，这样才能使他们有归属感，把自己当作公司的主人。也只有这样，松下电器公司才真正算是在美国扎下了根。

从整体上来看，美国民众一直拥有世界首屈一指的购买能力。如今，有新兴工业国等分享世界经济发展的果实，而在 20 世纪 50 年代，美国市场的规模在全球是鹤立鸡群。可以说，夺取了美国市场即是获得了全球市场。正是如此，松下幸之助先生才把目光投向了美国市场，并积极开展对美投资，致力于实现与美国的共同发展。

如今，美国仍具有全球 1/3 的购买力，作为全球市场的龙头老大自然不容忽视。但同时，中国经济的快速发展为日本企业的国外合作业务提供了新的机会。基于专业电子代工企业等的发展，中国被称为"世界工厂"，而不久的将来，中国就会成为一个巨大的消费市场。中国大陆的人口约有 13 亿，如果再加上中国台湾、侨居东南亚等地的华人，华人的人口估计达到14 亿~15 亿。且中国人的收入水平迅速提高，各种家电产品已经成为中国人过上富裕生活、享受生活的一大物质需求。

我在中国的大学执教期间，接触了许多中国大学生。给我留下深刻印象的是他们每个人的人生目标都十分明确，许多人都具有建设国家、促进社会发展的远大抱负。如今的日本社会已经较为成熟，因此日本的年轻人似乎难以抱有一个明确、崇高的人生目标，这与中国的大学生很不一样。从这个角度来说，现在的中国与三四十年前的日本颇为相似。那时，日本处于经济高度增长时期，凭借低成本的劳动力和勤奋工作的精神，日本企业承接了大批来自世界各国的订单。通过生产实践，日本从美国等发达国家学习到了先进的技术和丰富的经验，然后通过改良和创新生产出了独具特色的产品，并逐步在全球建立了信誉。

中国现在走的正是日本曾经走过的成功之路。而且，中国的人口大大超过日本，中国人都走上了富裕之路的话，中国的消费市场将是日本无法匹敌的。日本家电厂商谋求与中国企业的共同发展，既可以进一步降低产品的成本，提高产品在全球市场的价格竞争力，又可以为提高中国人的生活水平贡献力量，参与到这一巨大消费市场的形成过程当中。可以说，中国人在走向富裕的过程中能否对日本品牌抱有好感和憧憬，这关系到日本家电业未来的成败。

也许有人会说，其实许多新兴工业国也具有巨大潜力，如"金砖四国"的其他三个国家巴西、俄罗斯和印度，为何你对中国情有独钟呢？我个人认为，这些国家与中国相比都有明显的劣势。首先，关于巴西，我在美国工作期间也曾负责过巴西等南美国家的业务，因此对巴西有较为深入的了解。巴西的最大问题是政治局势动荡不安，每当政府改朝换代，进口税率、利率等都会出现很大变动，因此很难在全球消费市场中迅速占据重要地位。我也曾到访过俄罗斯和印度，直言不讳地说，这两个国家的市场规模与美国和中国相比实在有天壤之别。印度的家电市场规模在数千亿日元，如韩国的 LG 公司等也一直在加大对印度投资的力度。但在美国，一家零售连锁店的家电销售额就达到数万亿日元。因此，在印度进行投资可以说是一个难以在短期获得效益的长期战略，而如果以未来 10 年的发展为重点的话，那么在美国和中国市场投入几种人气新产品就可以在短期内改善经营状况。

"金砖四国的发展今后将引领世界"，这只是美国投资银行喊出的口号，据说，如果不按这一发展方向制订业务计划的话，股价就会下跌。我认为，这也是"金融主导经济"这一经济发展模式的弊端，媒体对这一口号的过分宣传无疑有助纣为虐之嫌。只要冷静地分析一下当地的实际情况，就不难发现这一蓝图只不过是海市蜃楼。

总之，除美国之外，以中国市场为重点在亚洲脚踏实地地开展生产经营活动，实现与当地民众的共同发展，这才是日本家电厂商重振旗鼓的基本战略。

与量贩店共同发展

从宏观上来说，要和中国等亚洲地区国家共同发展，从微观上来说，则要努力与量贩店实现双赢。

如今，全球家电销售的主流是沃尔玛、家乐福、好市多、乐购、麦德龙等大型量贩店。这些量贩店与日本不同，店员不会对产品进行详细的介绍，也不会送货上门，更不会帮助顾客对家电进行安装和设定，其特点是能代销大量产品。数码时代的主打商品已在性能上实现了均质化，因此其市场竞争力取决于价格。这样一来，对于生产厂家来说，产品库存就成为经营上的一个沉重负担。美国市场的特点之一就是对产品更新换代的要求并不十分强烈，因此，好市多对一种电视机可以一次进货数 10 万台，沃尔玛的一次进货量甚至达到 100 万台。尽管生产厂商的批发价格会随之下调，但是从大幅减少库存这一点来说，厂商也受益良多。因此，日本家电厂商如果希望在主打商品方面夺回市场主导权，与量贩店携手合作至关重要。

山田电机、必酷、EDION、友都八喜、K's Denki等日本的大型家电量贩店与上述跨国量贩店相比，进货规模要小得多。而一直以国内市场标准研发产品的日本家电厂商大多注重生产自我感觉良好的产品，而在与跨国量贩店进行合作生产国外主打商品方面着力不多。另外，日本的消费者也偏好知名品牌，所以日本家电厂商可以在产品开发、电视广告宣传、店面宣传、促销活动等方面都发挥主导作用。

但要与跨国量贩店进行合作，那么日本家电厂商迄今为止所用的营销方法就行不通了。首先，国外的量贩店普遍认为零售商与生产厂商地位平等，鉴于零售商能在销售第一线与消费者近距离接触，因此不少量贩店甚至认为与生产厂商相比，他们更应发挥主导作用。事实上，百思买销售的许多家电都是自主品牌的产品，而与知名品牌的产品相比，购买百思买自主品牌产品的顾客也不在少数，因此未能与某家知名品牌产品的生产厂商合作对于量贩店来说并没有多大损失。

另外，日本的家电量贩店会按品牌陈列商品，但国外量贩店的做法通常是按照功能或型号陈列商品，如不同厂家的同一屏幕大小的电视机会摆在一起。这样，消费者就能很直观地对售价进行比较。而对于价格偏高滞销的产品，量贩店会中止与厂商的合作关系。在日本，消费者很难想象家电量贩店会让松下、夏普、索尼当中任何一家厂商的电视机缺席，而在国外，大型量贩店很可能着重推销的是自主品牌产品。国外的大型量贩店还会推进对促销商品的开发以吸引顾客，而生产厂商积极参与这一开发活动也很重要。促销商品本身很难产生利润，但是，通过促销商品吸引更多的顾客前来光顾，就会间接带动主打商品的销售，从整体上来说能够创造更多的利润。当然，还需一个前提条件，这就是主打商品必须具有良好的性价比，能够引起顾客的消费欲望。这就是日本家电厂商与国外的量贩店实现合作和双赢的具体思路。

第三章　复兴日本家电业的良方

行不通的"加拉帕戈斯化"常识

"如果不是值得买的产品，如果买后没有令人满意的售后服务，那么就不会有人买这个产品。"

松下幸之助先生没有把产品滞销的责任推给社会或消费者，而是认为并没有生产出消费者想要的商品，所以卖不出去。并且，他认为"经济繁荣则顺其自然，经济萧条则抓准机会"，教导我们企业的成长和周围环境其实并没有大的关联，反而是不景气的时候才会有新的商业机会。

按照这样的思考方式，日本三大家电厂商无一例外地出现巨大亏损，只能说三家的产品都不是顾客真正想要的。我认为有必要谦虚反省一下，这三家的产品既不是"值得买的商品"，也没有"周到的售后服务"。虽然雷曼兄弟破产的震荡引发的欧洲信用危机和世界经济异常还在持续，可是这期间像苹果、三星和鸿海精密工业等公司的业绩却得到了极大提高。所以日本三大家电厂商没有任何借口可言。

我认为泡沫经济破灭之后，日本企业确实普遍存在着"问题在消费者不懂商品优点"的怪论，把业绩不佳的责任推诿给消费者，出现轻视消费者的现象。用现在的话来说就是"目中无人"。同时，以制造方的竞争原理，在 CD 还是 MD、液晶电视还是等离子电视、SD 储存卡还是 U 盘等陷入无休无止的产品格式争战中，这也同样是无视消费者的毫无意义的竞争。

本章为了日本家电复活，就有关今后的商品生产需要什么样的苦口良药进行探讨。

日本家电厂商在把商品分类为"品牌商品"、"主打商品"、"促销商品"时，把最大的人力、物力投入高档的"品牌商品"上。以电视机为例就是 70 英寸、80 英寸，甚至是更大尺寸的所谓超大屏幕电视机或三维电视机等。但是，即使发展中国家的富裕阶层正在逐渐增加，这样的电视机也还是不会畅销的。可以说，日本家电厂商对市场的估计完全错误。

同时，以 30～50 英寸为"主打商品"的电视机，也因为在国内生产摆脱不掉高成本的束缚而受到重大影响。如果定价要保证盈利的话，那么在国际市场上会因太贵没有销路。而为了能销售出去而降低价格的话，那么就会造成亏损，越卖越亏。那样的话当然没法进行大规模生产，但是若生产数量减少的话成本就更高，日本家电厂商已经陷入了这种恶性循环。

并且，像苹果公司那样创造出泛在商品，硬件和网络服务结合在一起，提供新使用方式的商业模式已经成为主流。在这个方向性的问题上，日本也已然落后了。即使单独来看，日本的产品在各种性能上十分优异，但由于没能适应互联网迅速普及的要求，优异的性能都打了折扣。

要是只把目光聚焦日本，就不会注意到这种现象。由于家电量贩店里陈列着的都是日本制造的产品，三星、LG、海尔等亚洲其他国家的商品在日本看上去卖得并不好。日本产品真的有问题吗？当你看到如此情形，很自然就会有这样的疑问吧。但是，实际上这样的错觉是造成日本家电制造商做出错误判断的真实原因。只有真正认清自己是"加拉帕戈斯"的居民孤立于世界，理解世界各地消费者的需求，才有可能开发出能使家电业复苏的产品。

首先，必须尽快制定强化国际上作为"主打商品"的低价格普及品的对策。为此，日本家电厂商就必须不拘泥于自给自足和国产化，谋取和亚洲各国的"共存共荣"，其中不可或缺的是水平分工型经营模式的转型。这一点我已经再三强调了。

其次，必须牢记要生产符合世界各地消费者需求的产品。松下电器公司就有过开发适应当地需求产品的成功先例，如1988年在美国推出的电视录像一体机。美国人一般都大大咧咧的，比较怕麻烦。为了省去用连接线把电视机和录像机连接起来的麻烦，就开发了这种一体机。因为买回家马上能看，所以很受欢迎，同时因为价格也便宜，虽然带着录像机功能，可价格却比电视机单体只贵了10美元左右。结果，1999年当初的销售目标是75万台，竟然多卖出了近一倍的145万台。创下松下电器公司史上的最高纪录，可谓是大热门货。趁着这个势头，松下电器公司荣登当年电视机全美市场占有率第一的宝座。

当然，这样的热销商品要在日本出售，几乎没有销路。这并不是说日本市场不好，美国市场好，而是说明了不同的国家和地区消费者的偏好也不一样。即使在美国也可分为东海岸、中西部、北部和西海岸等地区，地区不同销路也大有差别。并且，和日本相比美国的个人收入差距大，即使同一个地区针对富裕阶层、中产阶层、低收入人群的热销商品也都各不相同。因此，"在日本畅销的商品一定能在海外畅销"的想法是一个很大的谬误。

可是，虽然存在如此好的事例，从 1990 年到 2000 年直到最近，日本家电业视当地顾客的需求于不顾的产品却越来越多，实在是令人痛心。当然，如果开发、生产多品种产品，那么就会增加各个品种的成本，因此厂商把目标锁定在高效率化上也不是不能理解。这就是当今均质化产品的归途吧。但是，在地区对应和成本之间取得平衡正是厂商发挥聪明才智的时候。我认为现在正是发挥日本生产"主打商品"实力的时候了。

舍短取长才是日本家电业的出路

松下幸之助先生曾说过："一个忠实用户的价值相当于 1 亿日元。"相对而言，他认为对于企业产品的营销来说，友人的价值相当于 100 万日元，普通朋友的价值相当于 10 万日元。由此可见，他对用户是何等的重视。

就现今来说，苹果公司是世界上获得最多爱好者的企业。苹果用户不但自己喜爱用苹果产品，还非常热心地向亲朋好友介绍苹果产品的优点。想成为苹果专卖店店员的人摩肩接踵，他们都抱着"把苹果产品的魅力传播给更多人"的心愿。这些苹果粉丝不管是谁都对苹果产品理解深刻并充满激情，可以正确回答顾客的任何疑难问题，为提高苹果品牌的知名度做出了巨大贡献。正如松下幸之助先生所说的那样，忠实用户拥有 1 亿日元的价值。不论是哪一家家电厂商，当然都希望创造出像苹果品牌那样能拥有众多爱好者的产品。但是，要想开发出能同苹果的泛在产品旗鼓相当并争高下的产品也不是一件容易的事，这是不争的事实。像苹果公司那样创下世界奇迹，靠的是领袖级人物史蒂文·乔布斯发挥的强劲统率作用。

并且，苹果的 iTunes Store 和 iCloud 服务已经持有很高的市场份额，服务内容也日益得到扩充。要想参与到这样的领域，急起直追并后来居上那是极为困难的事。所以，就泛在商品领域而言，只有持之以恒地培养人才、孕育公司文化，营造可进行创新的环境，别无捷径。

那么，日本家电厂商是否只能一头扎进均质化产品无止境的价格竞争中而别无出路了呢？我想并非如此，日本家电厂商可以把竞争舞台逐渐转移到数码电器以外的领域。

对应泛在商品时代的 IT 系列产品和通讯设备，或者是主要由芯片化零部件构成的数码电器，这些本来就是美国实力很强的领域。虽说韩国和中国台湾制造商都在顽强奋斗，但是美国却牢牢地掌握着微处理器、基础软件等产品的核心技术。如果日本企业仅局限于这个领域决一雌雄，那么结果注定是败给美国。

这样考虑的话，如果要盘活 Made in Japan（日本制造）这个品牌，就有必要考虑发展日本一直以来拿手的"机电一体化"领域。这里面包藏着被誉为"酷日本"的诚心诚意对待消费者之心，日本人与生俱来的心灵手巧以及把节能环保、资源再生等技术组合起来开发生产的具有日本特色的产品。具体来说，就是高档电饭煲、按摩椅、静音空调、高端单反照相机、面向发烧友的组合音响等。另外，可能已经脱离家电业这个范畴的，如像生产设备、寿司机器人等业务机器也是有很大的发展空间。

这样的"日本品牌"产品不经过流通大企业，而是像苹果专卖店那样在直营商店出售也是可以尝试的方法之一。既不用担心被卷入价格竞争，能百分之百反映制造商观念的直营店铺方式也容易确立品牌形象。

来自中国大陆和中国台湾的游客在秋叶原、新宿等量贩店购买大量家电带回国的情景已经不足为奇了。这说明亚洲各国的消费者对日本品牌有着根深蒂固的憧憬，今后日本就有必要进一步强化这些品牌的号召力。

只要在高端商品领域日本品牌能渗透到世界各个角落，那么就能成为日本的"品牌商品"。虽然品牌产品的市场规模并不大，大企业要靠之维持生计是不可能的，但是可以成为销售"主打商品"时的巨大宣传力量。同时把握好"品牌商品"、"主打商品"、"促销商品"之间的平衡也是非常重要的。只依靠高端产品就能够发展的只有规模不大的专业制造商。

松下电器公司：将业务扩展至家居领域

下面我就从针对国际市场进行产品生产的观点出发，来分析一下松下、夏普、索尼等各公司提出的市场战略。

首先，松下电器公司表明要修正迄今为止以电视机为中心的基本路线，切换到以白色家电、电池等能源以及环保为主轴的体制上。这种不固执于产生赤字的电视机产品，而将经营重心转移到竞争力很强的领域进行竞争的姿态，是非常值得期待的。

特别是"包办整个住宅"的产品阵容只有松下电器公司拥有。算上松下电工公司的产品，松下电器公司不但经营各种白色家电、视听设备、太阳能发电设备、照明器具、热水器等能源类产品、美容设备等保健产品，同时旗下松下住宅公司还经营住宅建造，可以"智能住宅"的形式向顾客提供综合性方案，这是松下电器公司独有的强项。包含多元化经营就可以分散风险，同时可以巩固公司的经营基础。当然，毋庸赘言，各种各样的商品必须是客户所要，客户所需的。

更进一步，松下电器公司打出了"百船齐进"的口号，今后将开拓 100 个新业务实现增收 1 万亿日元的目标。据说松下电器公司计划用 10 年左右的时间来达成这个目标，我认为有必要加快速度，争取用 3 年时间就达到目标。在国际市场上扩展白色家电业务，首先就会与最直接的竞争对手韩国的 LG 公司进行竞争。LG 公司早在 10 多年以前就已经把白色家电打入国际市场，不论是在发达国家还是在发展中国家都握有相当的市场份额。虽然在日本国内几乎感受不到 LG 公司的强劲势头，这是因为 LG 公司把日本作为最后打入的市场。LG 公司的战略是在要打进家电业原本就很强大的日本之前，先控制日本以外的国际市场。因此，松下电器公司有必要加快开拓新业务的步伐。

个人认为，生态环保、节能、资源再生等顺应社会发展潮流的环保技术相关产品发展前景十分广阔，更为重要的是要提升商品本身的魅力和竞争力。

还有一个就是面向航空领域的有关电子工学商品。松下电器公司在全球的市场份额名列第一，这一点几乎不为人知。单凭产品的性能优异、价格低廉是难以打入这个市场的。因为必须在世界各地主要机场建立可以进行 24 小时维修的体制。我还在美国的时候，松下电器公司就已经对这一业务领域进行了相当规模的投资，完善了服务网络。因此，三星公司或者 LG 公司想要马上加入这一领域抢占市场份额是不可能的。这类产品还包括了汽车导航仪。这也必须具备以下条件，即和汽车公司密切合作、从设计阶段就开始进行各种各样提案的技术力量以及在世界各地拥有服务网点。如果说有担心的地方，那就是存在问题的电视机事业该怎么处理，松下电器公司到现在还没有一个明确的方向。可以说和夏普公司、索尼公司是相同的症结。发展白色家电、电池和环保产品的确是个方向，但是也不能轻易放弃电视机事业。这就像过去因为美国市场形势严峻而转向中国、俄罗斯、巴西、印度等金砖四国的市场一样，并不能真正解决问题。而继续发展电视机事业，就必须拿出一个明确计划，以期达到扭亏为盈，最起码要做到收支持平。

虽然如此，2012 年起以津贺一宏总裁为首的新经营领导层开始起航了。如果从积极方面来看，我觉得新的领导班子把顾客放在了第一位，同时与营业额相比更为重视企业整体的盈利，这可以说是松下电器公司经营传统的一种回归。特别是松下电器公司现在重新把如何满足不同顾客的多样化需求放在了首位，这使公司有望走出目前的困境。

大胆与鸿海联手的夏普公司

夏普公司在日本家电厂商三强当中是胆量最大、最早痛下决心进行改革的公司。以奥田隆司总裁为中心的公司经营层焕然一新，并与统率世界电子行业的龙头老大、中国台湾最大的专业电子代工企业——鸿海精密工业公司的郭台铭董事长携手合作。由此，夏普公司得以扩充迄今为止一直很薄弱的日用家电系列，包括电视机和与电视机同时作为重点领域的太阳能发电基板。此前，夏普公司的太阳能发电基板性能极佳，但价格也不菲，这是其最大的瓶颈。也就是说，太阳能发电基板也是走得高档商品路线。此后，价格低廉的产品可以放在鸿海的生产流水线上生产。同时，生产高端电视机的夏普大阪大型工厂可为鸿海精密工业公司的高端客户提供生产服务，这亦能解决自身开工率严重不足的问题。而对鸿海精密工业公司来说，也是益处良多，即既可获得夏普公司的最新技术，又可以获得制造商的自有品牌。不管专业代工服务的规模有多大，也只不过是外包服务罢了，都是"隐身人"的状态。但是若和夏普公司合作，鸿海精密工业公司就可推出其自主品牌的产品。用长远眼光来看，其效果是不可估量的。当然，两者的联手或许难免会遭遇一些挫折，但我衷心希望他们的合作能够步入正轨。

现在，三维电视机在中国富裕阶层里非常有人气，日本的大型广告公司也频繁地收到以中国为客户对象制作的三维动漫企划。利用夏普的技术力量生产的小型三维电视机将是今后有望的发展领域。

振兴索尼公司的关键是游戏机

平井一夫就任索尼公司的首席执行官意味着：时隔多年，索尼公司再次由日本人执掌。虽然霍华德·斯金格作为董事长还留在经营高层，但由于经营领导的更迭，公司里的氛围将会发生极大的变化。尽管索尼公司在 2012 年 7 月还没有提出很明确的改革方针，但我认为索尼公司会渐渐地降低电视机的比重，相较于过去会更积极地推进"硬件和软件融合"的路线。

与松下电器公司及夏普公司最大的不同在于，索尼集团拥有索尼影视娱乐公司的电影、索尼音乐娱乐公司的音乐以及针对 PlayStation 游戏机的游戏软件等强大的软件事业。特别是游戏已经发展成为一种文化，成为无论男女老少都乐于消遣的一大娱乐产业。索尼公司能否通过电影、音乐同游戏组合，相辅相成，尽可能产生最大的效果将是决定胜负的关键。虽然也有人认为市场份额会被智能手机和插件游戏所夺走，但是我不这么认为。索尼游戏机的最大特点是，已经超越简单游戏，给人以身临其境的感观而且其融入了硬件和网络服务，这是其他公司游戏机所无法企及的。用 PlayStation 游戏机等形成的内容产品产业正是苹果公司、三星公司、谷歌公司都无法望其项背的。特别是若能把卖座电影改编成游戏，那将成为索尼公司的拳头产品。

只是，索尼公司和松下电器公司等一样对怎样处理电视机事业还没有一个明确的方向。虽然有报道说索尼公司将和松下电器公司合作开发有机发光二极管面板电视机，可这在国际上还只属于"品牌商品"的技术，最近几年还不可能成为电视机产业的一匹黑马。

日本家电厂商不论哪家的技术都是世界顶尖级的，只是没有真正抓住国际市场的需求，一直以来都是一味地以自己的逻辑来制造商品，结果却把自己赶进了绝路。衷心希望松下电器公司、夏普公司、索尼公司这三驾马车推出的产品都能成为世界各地消费者所需要、喜爱的产品。如果能做到这点那么我坚信日本家电的复活就为时不远了。

跋

"成功与否关键在于能否坚持不懈地努力。"

松下幸之助先生的这句话表明：持之以恒的精神才是通向成功道路的秘诀。当然，这并不是要我们不分方向地蛮干。他指出，"行动与思考要并行，要不断摸索创新"，不仅如此，他还鼓励我们"失败了就从零开始"。

我曾长期在美国工作，亲眼目睹了国际家电业的风云变幻，因此希望借此书为日本家电业的现状把脉确诊，并基于个人见解开出了相应的"药方"。

梦想、志向与技能

在本书里，我们分析了日本家电厂商因电视机行业业绩不佳所造成巨大亏损的原因在于没有赶上家电技术数码化的步伐，没能及时向国际水平分工的经营模式转型。其实，如果松下幸之助先生"共存共荣"的理念得到了贯彻，日本家电厂商应该早就采用了水平分工的经营模式。我们还指出，不知何时，日本家电产品的设计和生产已经脱离了进口国的实际需求。如果松下幸之助先生的"销售让消费者满意的商品"这一理念仍深入人心，这种失败也不会发生。换而言之，日本家电业在故步自封的同时，又放弃了自己的优良传统。

究其原因，其一，由于泡沫经济以后日本家电厂商的骄傲自满心理，死守过去的成功经验，陶醉在"制造大国"的神话之中；其二，泡沫经济破灭之后连续不断的裁员使日本企业丧失了宝贵的人才，结果反而促成了竞争对手——亚洲企业的成长；其三，日本企业越来越希望招收的员工马上就能在工作第一线独当一面，已经失去了培养人才的耐心。

也就是说，20 世纪 80 年代后半期的泡沫经济为日本家电业现在的衰败早就埋下了隐患。并且，由于这 20 年来，日本的经济发展始终在原地踏步，这使得日本企业逐渐失去了迅速应对市场变化和大胆创新的能力。而在同一时期，韩国三星公司倾注全力致力于国际化人才的培养，并敏锐地抓住了全球市场发展的方向。就在日本家电厂商满足于国内市场的优势时，在国际市场上，三星公司已经把日本家电厂商远远地抛在了后面。坦率地说，这一差距正是人才实力方面的差距。

其实，在人才培养和利用人才方面乏力，是一个不只限于家电业而是存在于日本社会各个领域的普遍问题。为此，退居二线之后，我就来到母校明治学院大学任教，负责国际经营学方面的教学，希望把自己的经验和松下幸之助先生的理念传授给年轻人。我不但讲授专业知识，还致力于培养学生们具备成为国际化人才所需的素养。这些素养大致可分为精神素养和技能素养两个方面。

关于精神素养，我反复对学生强调要拥有自己的理想，即使最初只是一个抽象的概念，但只要树立了理想，就能在朝着理想奋斗的行动中逐渐将其具体化。

要实现理想就必须掌握一定的技能，关于技能素养，首先要掌握的是外语这个最重要的工具。英语是开展国际商务的通用语言，而中文也变得越来越重要，同时如果能掌握西班牙语的话那就更好了，因为世界上使用这三种语言的人口最多。英语要达到托业考试（TOEIC）成绩超过 800 分的水平，而三星公司的招聘标准则是 900 分以上，可见国际性企业对人才的要求更为严格。

其次是 IT 技能，能够自如地使用电脑以及 iPhone 等移动终端。我希望现在的年轻人不只是在日常生活或娱乐中使用这些 IT 产品，更要提高相关 IT 技能达到商务活动所要求的水平。

再次是演讲能力，即自我表现力。美国从小学开始就有展示和讲述课程，进行严格的演讲训练。在课堂上，老师有时会把一块普通的石头交给学生，要求他们以这块石头为题进行几分钟的演讲。有的学生会描述石头的形状和颜色，有的学生则回忆和家人旅行时捡到奇特石头的经历，最后都会陈述自己的意见和想法。美国学生在进入高中和大学之后，会通过公共演讲和辩论的相关课程进一步提高自我表现力。日本的学校教育中没有这样的课程，所以日本的年轻人只能靠自己寻找机会提高自我表现力。自我表现力的一个基本要求是需要满怀激情，换句话说就是要具备吸引听众的个人魅力。要想在具有不同文化氛围的其他国家开展商务活动，这种激情是不可或缺的。

我在美国工作期间，曾因工作关系多次受邀参加时任美国总统克林顿主办的晚会，并有机会和他交谈。在此之前，我对克林顿先生并无特别的印象，但在交谈中我马上就被他的个人魅力所吸引。除了演说能力，克林顿先生怀有的那种激情会让你马上为之倾倒。

尽管有越来越多的日本大学开始注重博雅教育（教养教育），但同欧美国家相比还是偏向于专业教育。所以，我认为为社会培养人才的教育机构本身也有必要进行改革。大学教育的方针有必要从单纯的知识教育转向应用能力的教育，否则很难为社会做出贡献。

我还在中国大连的东北财经大学教授日本的电子产业发展史和国际市场营销等课程，这也是对松下幸之助先生倡导的"共存共荣"精神的一种实践。我相信只要领会日本成功经验的中国人越来越多，那么在不久的将来他们一定能成为中日经济交流的桥梁。

在与中国大学生接触以后，我一直被他们的远大理想和志向所感动。"我要成为企业家"、"我要拥有巨大财富"、"我要当市长"……他们每个人都有自己的明确目标，并且英语和 IT 技能也非常出色。据悉，日本企业已经开始招收来自中国等国的应届毕业生作为公司的正式员工，如果日本的人才培养不加紧步伐，或许将来有一天，日本企业的优秀人才就都只剩下外国人了。

这些优秀的中国大学生其实对日本都怀有一种憧憬之情，都十分喜爱日本的家电产品。顾客至上的服务精神、精湛的生产工艺、对产品质量的执著追求、对食品安全的严格要求……这些日本独特的魅力受到亚洲乃至全球的关注。对于年轻人来说，游戏产品、动漫则成为了日本的代名词。这说明一些亚洲民众现在以日本人过去憧憬欧美那样的目光憧憬着日本，因此只有谋求与亚洲地区的共同发展，日本家电业才有复活的希望。

全球家电业的发展日新月异，特别是进入 2000 年以来家电业和 IT 技术日益融合，也已经接近或达到了 IT 技术的发展速度。这就要求日本家电厂商以同样的速度开发满足时代要求的新产品、实现向水平分工经营模式的转型，以求尽早扭亏为盈，同时，必须立足于长远加强人才培养。只有采取这些措施，日本家电厂商才有可能免于被淘汰的命运。

如果松下幸之助先生健在，面对 2011 财年日本家电业出现的史无前例的巨额亏损，他一定会感到非常难过，但他同时也会再次掷地有声地振臂一呼："跌倒了就爬起来！"

如今，日本各大家电厂商正在为振兴家电业寻找对策。我想，松下幸之助先生在此时一定会说"心动不如行动"，只要是有益于消费者、消费者能够满意的产品，就放下过去的一切条条框框，大胆去干吧。优秀的企业领导就应该具有让部下放手去干的气魄。在此，我想再次把松下幸之助先生的两句话送给所有为日本家电业复兴而奋斗的同仁：

"跌倒了就爬起来！"

"成功就是坚持不懈地努力，直到成功！"

在撰写本书时，我参考了松下幸之助先生的《我的行与思》(实业之日本社，1968 年)、津本阳的《经济萧条多良机》(幻冬舍，2000 年)、PHP 综合研究所撰写的《从轶事读懂松下幸之助》(PHP 新书，2009 年)等著作以及《东洋经济》(2011 年 5 月 19 日刊)、《钻石》(2011 年 11 月 12 日刊、2012 年 6 月 9 日刊)、《日经商务》(2004 年 5 月 10 日刊)、《日本经济新闻》、《华尔街日报》等报刊上刊载的文章。

　　最后，我想借此机会感谢多年来给予我支持的美国、中国大陆和中国台湾、韩国的各位友人，在松下电器公司工作时的同事以及一直关心我的松下幸之助先生的女儿松下幸子女士。